Mariya Petrova
Nah am Boden

ANOR

———

Herausgegeben von
Ingeborg Baldauf

Band 21

Mariya Petrova

Nah am Boden

Privater Hausbau zwischen Wohnungsnot
und Landkonflikt im Samarkand
der 1950er- und 60er-Jahre

DE GRUYTER

ISBN 978-3-11-066930-5
e-ISBN (PDF) 978-3-11-066936-7
e-ISBN (EPUB) 978-3-11-066945-9
DOI https://doi.org/10.1515/9783110669367

Library of Congress Control Number: 2020948395

Bibliografische Information der Deutschen Nationalbibliothek
Die Deutsche Nationalbibliothek verzeichnet diese Publikation in der Deutschen Nationalbiblio-
grafie; detaillierte bibliografische Daten sind im Internet über http://dnb.dnb.de abrufbar.

© 2021 Mariya Petrova, publiziert von Walter de Gruyter GmbH, Berlin/Boston
Dieses Buch ist als Open-Access-Publikation verfügbar über www.degruyter.com.

Druck und Bindung: CPI Books GmbH, Leck

www.degruyter.com

Für Papa

Inhalt

Danksagung

Viele Menschen haben mich bei der Forschung und Entstehung dieser Arbeit begleitet, denen ich hier herzlich danken möchte.

Die erste Erwähnung verdienen meine beiden Betreuer, Prof. Dr. Ingeborg Baldauf und Dr. Thomas Loy, die mich intensiv in dem Prozess der Themenfindung und Fokussierung unterstützt haben. Besonders verpflichtet bin ich Prof. Baldauf für die kritischen Kommentare, das Lektorat sowie ihre Hartnäckigkeit und Durchhaltevermögen auf dem Weg zur Publikation, welche ohne ihre Unterstützung nicht zustande gekommen wäre. Den Grundstein zum Erfolg der eigentlichen Forschung hat sicherlich Dr. Jens Jordan (TU Dresden) gelegt. Seine Erfahrung mit der Archivarbeit in Usbekistan und vor allem sein Engagement bei den entsprechenden Stellen haben mir den Zugang zu den Archiven ermöglicht. Für die finanzielle Unterstützung der Forschung bedanke ich mich bei der Friedrich-Ebert-Stiftung.

Die Möglichkeit, den Text inhaltlich zu überarbeiten und zu vertiefen verdanke ich der produktiven Zusammenarbeit mit Dr. Jonas van der Straeten und mit Prof. Dr. Mikael Hård im Rahmen des Projektes „A Global History of Technology, 1850–2000" an der Technischen Universität Darmstadt, wo ich vom Februar bis Dezember 2020 als wissenschaftliche Mitarbeiterin tätig war. Besonders dankbar bin ich dem Projekt für die Übernahme der Kosten für Open Access-Rechte für mein Manuskript. Das Projekt wird vom European Research Council finanziert (ERC Advanced Grant Nr. 742631).

Eine sehr große Hilfe und Unterstützung während der Forschung in Samarkand und insbesondere bei der Suche nach Gesprächspartnern war für mich Mavluda – eine gute Freundin meiner Familie und ehemalige Kollegin meines Vaters. Ihre energische Hilfe und Themenkenntnis ermöglichten mir Gespräche mit vielen Fachleuten und ehemaligen Funktionären der Stadtplanung. Freunde, die so eng sind, dass man sie schon zur Verwandtschaft zählen kann, sind rar, umso wertvoller war mir die Hilfe der Familie von Askar und Bakhora, mit der mich eine von meinen Eltern geerbte Freundschaft verbindet und die mir während meines Aufenthaltes immer ein zweites Zuhause war.

Ich möchte mich bei allen Informanten bedanken, darunter ehemalige Kollegen meines Vaters, meine ehemaligen Lehrer und einfache Bewohner der Stadt Samarkand, die mir ihre Tore geöffnet und die Geschichten ihrer Häuser erzählt haben. Besonders verbunden bin ich für ihre geduldige Zuarbeit allen Mitarbei-terInnen des Stadtarchivs in Samarkand, die alle meine Bitten und vor allem die unzähligen Kopieraufträge erfüllt haben. Allen Freunden in Deutschland und Us-bekistan danke ich für Unterstützung, Interesse und fruchtbare Diskussionen. Mein Freund Robert, der in seiner Person die Rolle eines Beraters, Psychologen und Lektors vereint, hat mich die ganze Zeit begleitet.

Meinem Vater bin ich verbunden für die ehrlichsten und kritischsten Kom-mentare zu der Funktionsweise der sowjetischen Bau- und Planungsinstitutio-nen und besonders für seinen guten Namen, der mir einige Türen in Samarkand öffnete und viele Gespräche mit ehemaligen Kollegen ermöglichte.
Ihm möchte ich diese Arbeit widmen.

Halle, im August 2020

Marya Petrova

Vorbemerkungen

Zu den Quellen:
Diese Arbeit ist das Ergebnis eines dreimonatigen Forschungsaufenthaltes in Usbekistan im Sommer 2016. Dabei habe ich in der Nationalbibliothek von Usbekistan recherchiert und im Zentralen Staatsarchiv in Taschkent (TsGARUz)[1] sowie im Staatlichen Archiv des Gebiets Samarkand (SamOGA) gearbeitet. Der Großteil der von mir bearbeiteten Dokumente stammt aus dem Gebietsarchiv von Samarkand, und zwar primär aus der Abteilung des städtischen Exekutivkomitees sowie der dazugehörigen Bau- und Architekturbehörde sowie aus der statistischen Abteilung.

Parallel zur Archivrecherche habe ich semi-strukturierte Interviews und Gespräche mit Zeitzeugen geführt: mit Architekten und ehemaligen Funktionären der Stadtplanung, mit Hauseigentümern bzw. vor allem deren Nachkommen, mit HistorikerInnen und einfach mit vielen Einwohnern der Stadt. Darüber hinaus wurden die zeitgenössische Fachliteratur, Gesetzestexte und Zeitungsartikel einbezogen.

Zur Umschrift:
Alle Eigennamen sowie Begriffe werden auf der Grundlage der British Standards Institution (BSI) transliteriert. Im Literatur- und Quellenverzeichnis erscheint der Name des Autors in Lateinschrift, die vollständige Literaturangabe aber im kyrillischen Original.

Zum Zitieren von Gesetzestexten:
Beim Zitieren von Gesetzestexten wird der Nachweis im Fließtext bzw. in der Fußnote in einer übersetzten Kurzfassung zusammen mit dem Verabschiedungsdatum angegeben. Diese Nachweise sind im Quellenverzeichnis in einer eigenen Kategorie chronologisch geordnet (zusammen mit dem vollständigen Gesetzestitel auf Russisch).

Da der Zugang zu den gedruckten offiziellen Ausgaben der Gesetzestexte schwierig ist und gleichzeitig die Nachweisbarkeit gegeben sein soll, habe ich mich für die Benutzung von Internetquellen entschlossen. Dass der Internetauf-

---

1 Die Abkürzung wurde auf der Grundlage der russischen Titel der jeweiligen Organisationen gebildet, die in den Quellen geläufiger sind und gleichberechtigt mit den usbekischen Bezeichnungen benutzt werden.

tritt nicht immer seriös wirkt, ist den Spezifika des russischen Internets geschuldet und sollte keine vorschnellen Schlüsse auf mangelnde Qualität der Quellen bewirken.

Begriffe und Abkürzungen

Aryk / арык / ein Bewässerungsgraben oder Kanal. In Usbekistan häufig kleinere Kanäle, die entlang den Straßen die Fahrbahn vom Bürgersteig trennen, oder größere, die durch die ganze Stadt fließen und mehrere Viertel miteinander verbinden

Blagoustroistvo / благоустройство / bezeichnet ein großes Spektrum an bürgerbezogenen Aufgaben von der Schaffung von komfortablem Wohnraum bis hin zur Bereitstellung von urbaner Infrastruktur wie Straßen und Wasser-, Strom- und Gasleitungen

Generalplan / генеральный план / der Gesamtplan für die architektonische und infrastrukturelle Stadtentwicklung

Gosstroi / Госстрой / das staatliche sowjetische Bauministerium, das Unterabteilungen auf der Republiksebene hatte (z.B. in Usbekistan: *UzGosstroi*)

DSK / ДСК, домостроительный комбинат / Hausbaukombinat, ein Industriebetrieb für die Herstellung von standardisierten Bauelementen

Individual'noe zhilishchnoe stroitel'stvo / индивидуальное жилищное строительство / individueller Wohnungsbau

Ispolkom / исполком, исполнительный комитет / Exekutivkomitee, das Ausführungsorgan der jeweiligen Verwaltungseinheit, also der Stadt, des Bezirks oder des Gebiets

Lichnaya sobstvennost' / личная собственность / persönliches Eigentum

Mahalla / махалля / alternativ auch *Guzar* / гузар / eine Bezeichnung für Nachbarschaft, Stadtviertel; ursprünglich in der Altstadt

Mikroraion/ микрорайон / eine geplante Siedlung oder ein Wohngebiet mit standardisierten mehrgeschossigen Gebäuden, mit integrierter Infrastruktur wie

Kindergärten, Schulen sowie je nach Größe Einzelhandels-, Gesundheits- und Verwaltungseinheiten

NKVD / *НКВД* – *Народный комиссариат внутренних дел* / Volkskommissariat für Innere Angelegenheiten, Vorgängerorganisation des KGB

Oblast' / *область* / „Gebiet", eine Verwaltungseinheit (eine Ebene über der Stadt)[2]

Oblispolkom / *Облисполком* / Gebiets-Ispolkom – Exekutivkommitee der Verwaltungseinheit Gebiet

Obshchij dvor / *общий двор* / spezifische Bebauungs- und Wohnform im kolonialen Stadtteil von Samarkand, bestehend aus kleinen Anbauten innerhalb eines weitläufigen Innenhofes, die von voneinander unabhängigen Parteien bewohnt werden

RSFSR / Российская Социалистическая Федеративная Советская Республика / Russländische Sozialistische Föderative Sowjetrepublik

SNK – **Sovet Narodnykh Komissarov** / Совет Народных Комиссаров / Rat der Volkskommissare

Sowjet /*совет* / Rat, Sowjet (Obwohl es die Übersetzungsmöglichkeit für die Bezeichnung des sowjetischen Organisationsprinzips gibt, hat sich in der englisch- und deutschsprachigen Fachliteratur die transliterierte russische Variante durchgesetzt, die ich in der Arbeit ebenfalls verwenden werde.)

UzSSR – **Uzbekskaya Socialisticheskaya Sovetskaya Respublika** / Узбекская Социалистическая Советская Республика / Usbekische Sozialistische Sowjetrepublik

Obobshchestvlennyi zhilishchnyi fond / *обобществленный жилищный фонд* /„vergemeinschafteter Wohnraumbestand", eine Sammelbezeichnung für Wohneigentum in öffentlicher und betrieblicher Hand

---

2 übernommen von Bohn 2008, S. 61.

Abbildungsverzeichnis

In consequence, what has been done has frequently not been in accord with ideals, theories, and optimum goals, but rather has taken the form of swift, inexpensive, and loosely controlled expediencies.
Hamilton & French 1979

Die Strenge der russischen Gesetze wird durch die Unverbindlichkeit ihrer Erfüllung abgemildert.
Saltykov-Shchedrin[3]

---

[3] Die Autorschaft des Spruchs ist nicht ganz geklärt, die meisten Quellen nennen jedoch den russischen Satiriker des 19. Jahrhunderts als Urheber.

1 Einführung

Samarkand: Ein Blick aus der Vogelperspektive

Das orientalische Image, das der Stadt Samarkand anhaftet, führt unweigerlich dazu, dass sowohl in der historischen Forschung als auch im allgemeinen Verständnis vor allem das Interesse an der glorreichen Zeit der vergangenen Jahrhunderte dominiert, während die weniger spektakulär erscheinenden Bereiche und die jüngste Geschichte der Stadt wenig Beachtung finden. Tatsächlich mangelt es nicht an historischer und archäologischer Forschung zu Samarkand, allerdings reicht der untersuchte Zeitraum meist nur bis in den Anfang des 20. Jahrhunderts hinein. Danach klafft eine große Lücke, die nur durch vereinzelte Werke abgedeckt wird. Dabei sind es gerade die letzten knapp 90 Jahre, in denen Samarkand eine starke Transformation erlebt hat: Bevölkerungszuwachs, Industrialisierung, Veränderungen im Stadtbild, in seiner ethnischen und kulturellen Zusammensetzung sowie rein physisches, räumliches Wachstum. Die Fülle an historischen, soziologischen und ethnografischen Themen des sowjetischen und heutigen Samarkand, die sich für eine Erforschung anbieten, blieb bisher bis auf wenige Ausnahmen unangetastet.

Samarkand ist auch eine Stadt, in der ich geboren und aufgewachsen bin – ein Umstand, der mir wertvolles Kontextwissen und einen Blick aus dem Alltag heraus ermöglicht. Wenn neue Bekanntschaften nur exotisch-orientalisch stilisierte Vorstellungen über die Stadt äußern, versuche ich diese zu relativieren und verkomplizieren – mit mehr oder weniger Erfolg. Einer der Beweggründe für diese Studie ist daher gewesen, eine Geschichte von Samarkand zu erzählen, die bisher unbeachtet war. Anderseits lebe ich schon lange nicht mehr dort und fing die Stadt erst seit 2014 nach einer achtjährigen Pause für mich neu zu entdecken an, bringe also immer auch einen Blick von außen. Mit diesen gleichzeitig inneren und äußeren Perspektiven ausgestattet begab ich mich auf die Suche nach einem konkreten Thema. In einem Seminar zum Thema Städte in Zentralasien wurde mir nochmal deutlich, wie unerforscht die Region in dieser Hinsicht ist. Die Eingebung, ein historisches, aber nicht allzu weit zurückliegendes Stück Stadtentwicklung zu untersuchen, kam während einiger Stunden der Nostalgie bei virtuellen Spaziergängen durch Samarkand, die „Google Earth" und „Google Maps" ermöglichten.

Die Satellitenprogramme[4] ermöglichen, eine „Vogelperspektive" einzunehmen und Städte der Welt sowohl in Gänze als auch im Detail zu betrachten. Aus dieser Perspektive fällt die spezielle Struktur von Samarkand auf – auch heute noch ist der Stadtkern, bestehend aus der Altstadt und der unter der zaristischen Herrschaft errichteten sogenannten Kolonialstadt, gut zu erkennen. Nahtlos gehen die beiden Teile in die neueren, im 20. Jahrhundert errichteten Gebiete über. Beim näheren Betrachten fällt auf, dass ein Großteil der Stadtfläche niedrige einstöckige, für die Region typische Hofhäuser[5] ausmachen. Deren engmaschiges Netz wiederholt in mehr oder weniger geradliniger Form die Struktur der Altstadt und umhüllt die ganze Stadt, durchsetzt mit kleineren und größeren Inseln aus Wohnblöcken. Das Netz aus den Hofhäusern ist an einigen Stellen sichtbar planmäßig angelegt, an anderen wiederum nicht. Im sowjetischen Sprachgebrauch etablierte sich für solche Bebauung die Bezeichnung „privater Sektor" *chastnyi sektor* – Privatbauten, also Eigenheime. Ein weiterer auffälliger Punkt ist das „Zerfließen" der Stadt in der Landschaft. Für die Stadt lassen sich keine eindeutigen Grenzen ziehen: Die Höfe werden einfach größer und grüner, und zwischen den Häusern tauchen immer häufiger kleine bestellte Felder bzw. Gärten auf. Besonders deutlich ist das im Südosten der Stadt zu beobachten. Bei einer ehemals sowjetischen Stadt, deren Einwohnerzahl heute eine knappe halbe Million ausmacht,[6] wirft das die Frage auf: Wie ist diese Struktur entstanden?

Die sowjetische Wohnungsbaupolitik seit dem Ende der 1950er-Jahre ist eher für die massenhaft errichteten großen, auf das nötigste reduzierten Geschosswohnhäuser bekannt, im Volksmund *khrushchevki*[7] genannt. In Samarkand wurden sie konzentriert an drei Standorten errichtet; ihr Anteil, zumindest der räumliche, ist aber deutlich geringer als der der Eigenheime.

---

4 „Google Earth" und „Google Maps" erlauben es, detaillierte Luftbilder in guter Qualität zu betrachten, ersteres besitzt zudem eine Zeitfunktion, die es möglich macht, Veränderungen im Stadtbild seit 2003 zu beobachten. Zur Orientierung findet sich hier ein bearbeitetes Satellitenbild (Abb. 1) mit verschiedenen Bauphasen. Zur besseren Anschaulichkeit empfehle ich dem Leser parallel zum Text eines der Satellitenprogramme zu benutzen, da das beigefügte Bild leider nicht die Möglichkeit bietet, die Stadt im Detail anzuschauen.
5 Eine traditionelle Hausform bei dem die Räume um einen Innenhof herum gruppiert sind, der nach Möglichkeit begrünt ist. Hofhäuser sind verbreitet in vielen Städten Zentralasiens, des arabischen Raums sowie in Iran und Afghanistan. Siehe dazu z.B. Wirth 2002, S. 359-369.
6 Offizielle Webseite der Stadt Samarkand https://samarkand.uz/towns_districts/samarkand (letzter Zugriff am 30.06.2020). Bei der Zahl handelt es sich um eine Schätzung, da in Usbekistan seit 1989 keine Volkszählung mehr durchgeführt worden ist.
7 So benannt wurden sie nach Nikita Khrushchev, unter dessen Führung industrieller Wohnungsbau massenhaft eingesetzt wurde.

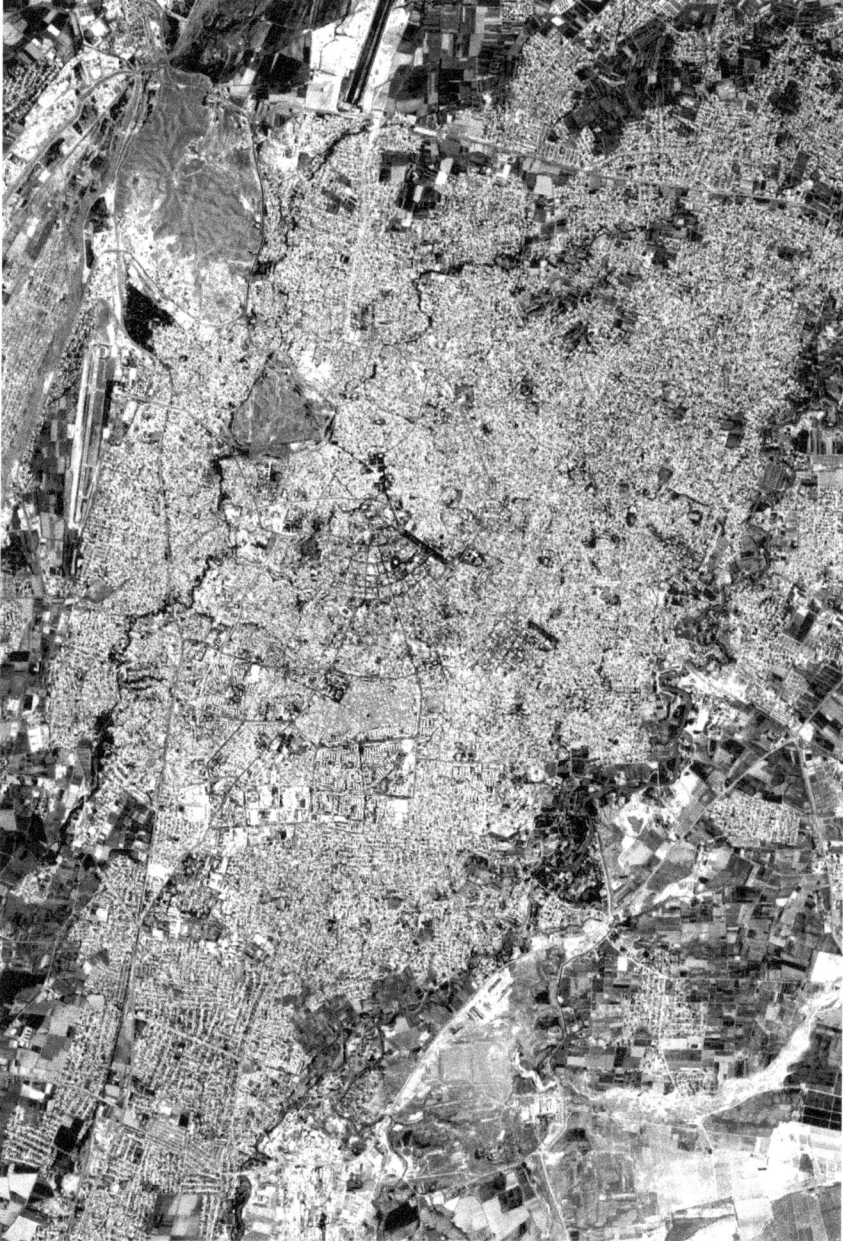

Abb. 1: Satellitenbild von Samarkand, bearbeitet
Gelb – Historische Altstadt; Grün – Koloniale Stadt; Orange – Wohngebiete mit Etagenbauten;
Nicht markierter Bereich: Privathäuser, Gewerbegebiete. Rot – Viertel 1; Blau – Viertel 2.
Quelle: Copernicus Sentinel data [2020], modifiziert.

Diese Beobachtung wird auch durch statistische Daten unterstützt. Demnach war nicht nur Samarkand überproportional reich an Eigenheimbauten, sondern die ganze Usbekische SSR war in den 1950er- und 1960er-Jahren die Sowjetrepublik, die mit 63% den größten Prozentanteil an privaten Wohneinheiten aufwies; bis zum Ende der Sowjetunion blieb sie an zweiter Stelle, nachdem sie in den 70er-Jahren von der Kirgisischen SSR überholt worden war.[8]

Das Ausmaß des Eigenheimbaus in Samarkand deutet darauf hin, dass dieser nicht ohne staatliche Zustimmung und Planung entstanden sein konnte. In der Tat unterstützte der sowjetische Staat seine Bürger im Rahmen des Programms für „individuellen Wohnungsbau" eine Zeitlang mit Krediten und Landzuteilungen – ein Aspekt des sowjetischen Wohnungsbauprogramms, der bisher wenig erforscht worden ist. Doch welche sonstigen Bedingungen mussten erfüllt sein, dass Privathäuser in solch einem großen Umfang errichtet wurden? Offensichtlich wäre es ohne aktive Beteiligung der Bürger selbst nicht möglich gewesen. Nur, von welchen Bedürfnissen und Vorstellungen wurden sie geleitet und wie konnten sie diese umsetzen? Der Titel der Arbeit – „Nah am Boden" – bezieht sich auf einen Ausdruck, der mir in verschiedener Form in den Interviews, aber auch in den Archivdaten mehrmals begegnet ist. Es ist eine Art Metapher, mit der das Leben in einem Haus mit einem Stück Garten beschrieben wird, die, wie ich hoffe, bei der Erklärung des Phänomens helfen kann.

Doch wie passte privater Hausbau zur sozialistischen Ideologie des sowjetischen Staates und zum Bild sozialistischer Städte – und welche Stellung nahm dabei die Stadt Samarkand ein? Was kann das heutige Stadtbild über die stadtplanerischen Prozesse im sowjetischen Samarkand sagen? Wie manifestierten sich verschiedene Perspektiven und Interessen, wie wurden sie verhandelt, durch- und umgesetzt? Mit welchen rein praktischen und infrastrukturellen Bedingungen wurden die Planer und die Bewohner der Stadt konfrontiert? Die Untersuchung dieser Fragen verspricht Erkenntnisse nicht nur über die Stadtgeschichte von Samarkand, sondern auch über die sowjetische Wohn- und Städtebaupolitik – und vor allem darüber, wie diese an der sowjetischen Peripherie in Zentralasien aussah.

---

8 Andrusz 1984, S. 290.

Herangehensweise und Aufbau der Arbeit

Der Anspruch dieser Arbeit liegt darin zu versuchen, das Zusammenspiel der historischen, politischen, bürokratischen und sozialen Prozesse zu verstehen, die zur Entstehung der gegebenen Stadtstruktur von Samarkand beigetragen haben. Im Fokus sind dabei primär die während der Sowjetzeit und vor allem nach dem Zweiten Weltkrieg entstandenen, aus Privatbauten bestehenden Stadtviertel und ihre Stellung im Gesamtbild der Stadt. Dafür werde ich das Phänomen der so genannten „individuellen Bautätigkeit" in der Sowjetunion sowie deren ideologische, politische, praktische und stadtplanerische Realität am Beispiel von Samarkand untersuchen. Das Thema der mehrgeschossigen Wohnhäuser und *mikroraions* muss aber hier ausgeklammert werden, nicht etwa wegen seiner Irrelevanz für die Stadt, sondern weil es hierfür einer ganz eigenen Untersuchung bedürfte.

Ich beschränke mich in der Betrachtung auf die 1950er- und 60er-Jahre. Dieser Zeitraum ergibt sich einerseits durch die Recherchedaten, denen zufolge die meisten Privatbauten im sowjetischen Samarkand genau in dieser Zeit errichtet wurden. Gleichzeitig deckt die gewählte Zeitspanne nicht nur die gesamte Regierungszeit von Nikita Khrushchev (also 1953–1964) ab, unter dessen Führung das staatliche Wohnungsbauprogramm offiziell gestartet und gefördert wurde, sondern schließt noch die letzten Jahre unter Stalin und die ersten unter der Führung Leonid Brezhnevs mit ein. Das ermöglicht, auch Kontinuitäten und Brüche in der Wohnpolitik und konkret in der offiziellen Einstellung zum individuellen Wohnungsbau zu beobachten. Neben den politischen Entscheidungen der Parteiführung werde ich die administrative und politische Praxis der lokalen Behörden sowie die Entscheidungs- und Aushandlungsprozesse zwischen den unterschiedlichen Akteuren untersuchen.

Als Instrument der Stadtplanung dienten in der Sowjetunion Generalpläne, die für Großstädte entworfen wurden und zugleich als Planungsgrundlage und Programmatik dienten – so auch für Samarkand. Jedoch lässt ein Blick auf die heutige Stadt hinsichtlich Straßenverlauf und Bebauungsstruktur nur schwer die Spuren eines klaren Planungswillens erkennen.[9] Um zu verstehen, wie die Kluft zwischen Anspruch an eine stadtplanerische Gestaltung und gebauter Realität entstanden ist, werde ich die Perspektiven von verschiedenen staatlichen wie privaten Akteuren betrachten und sie in den historischen Kontext einbetten.

---

9 Eine Ausnahme bilden hier die Viertel der Kolonialstadt, in die einige Objekte der sowjetischen repräsentativen Architektur hineingesetzt wurden.

Am Beispiel der Frage der Planung, Platzierung und Regulierung des individuellen Wohnungsbaus werde ich Handlungsmächtigkeit (agency) und Handlungsspielräume, aber auch die Grenzen des Handelns der beteiligten Akteure untersuchen. Mein Interesse gilt sowohl den offiziellen stadtplanerischen und bürokratischen Prozessen als auch den möglichen Interessenskonflikten mit Perspektiven und Strategien der Bürger, die selber Häuser gebaut haben, und der sozialen, kulturellen und ethnischen Komponente bei dieser Art Wohnungsbau.

Nach der Übersicht über den Forschungsstand sorgt Kapitel 2 für den historischen und politischen Kontext, indem ein Überblick über die Wohn- und Städtebaupolitik der Sowjetunion von der Oktoberrevolution bis Khrushchev erarbeitet wird. Anschließend folgt eine Zusammenfassung zur Rolle des individuellen Bausektors in der SU und den damit zusammenhängenden Besonderheiten des sowjetischen Rechts in Bezug auf Wohneigentum.

Im Hauptteil werden die Ergebnisse der Forschung an Primärmaterial präsentiert. Dazu gehört ein chronologischer Überblick über Geschichte und Etappen der Stadtplanung von Samarkand unter der Sowjetherrschaft. Anhand von Zahlen und Beispielen wird die Bevölkerungs- und Wohnungssituation sowie der Zustand der Stadtinfrastruktur im Samarkand der 1950er- und 60er-Jahre vorgestellt. In den Kapiteln 4 und 5 werden die zwei Formen der individuellen Bautätigkeit behandelt. Neben den Archivquellen stütze ich mich dabei auf Interviews mit Privathausbesitzern, die ich in zwei planmäßig angelegten Vierteln der Stadt durchgeführt habe.[10]

In Kapitel 4 werde ich staatliche wie auch private Perspektiven auf die planmäßige, also regulierte und genehmigte, individuelle Bautätigkeit rekonstruieren; dies soll die Zwänge und die Widersprüchlichkeit der städtischen Politik aufdecken und erklären. Kapitel 5 wird dann das Phänomen der sogenannten „eigenmächtigen Bautätigkeit", also die nicht genehmigte und ungeplante Form des individuellen Hausbaus, sowie den dazugehörigen Landkonflikt zwischen der Stadt und den umliegenden Kolchosen anhand von Archivmaterial behandeln.

Abschließend werde ich in Kapitel 6 einen kurzen Ausblick auf die Entwicklungen der 1970er- und 80er-Jahre geben und kurz auf weitere mögliche Forschungsthemen eingehen, die in dieser Arbeit nicht abgedeckt werden konnten.

---

10 Die in dieser Arbeit untersuchten Stadtviertel, in der Übersichtskarte (Abb. 1) rot und blau eingefärbt, tragen keine offizielle Bezeichnung, weshalb sie im Weiteren als Viertel 1 und Viertel 2 geführt werden.

Forschungsstand

Während zum eigentlichen Thema dieser Arbeit – dem individuellen Wohnungsbau in Samarkand – denkbar wenig Forschungsliteratur vorhanden ist, stellt das
größere Thema des sowjetischen Wohnungs- und Städtebaus ein relativ gut er-
forschtes Feld dar.

    Die Stadtplanungs- und Wohnpolitik der Sowjetunion mit ihren rechtlichen,
finanziellen und sozialen Aspekten hat das Interesse nicht-sowjetischer Forscher
immer wieder geweckt. Die Sowjetunion war für westliche Forscher ein Sonder-
fall und ein faszinierendes Forschungsobjekt zugleich, an dem die Regulierungs-
prozesse einer raschen Urbanisierung und Stadtplanung, die in einem planwirt-
schaftlichen System stattfanden, beobachtet werden konnten. Jedoch war Forschung in der Sowjetunion selbst nur schwer möglich und gebündelte Information war rar. Die Arbeiten von Alfred John DiMaio (1974) und Gregory Andrusz
(1984) sind von dem Bedürfnis geprägt, grundlegende Information zusammenzutragen; in diesem Sinne bieten sie eine gute Einführung und stellen Standard-
werke der westlichen Forschung zum Thema dar. Mit dem Abstand von einem
Jahrzehnt ermöglichen sie auch Einblicke in Entwicklungen im sowjetischen
Wohnungsbausystem. Beiden Arbeiten liegt eine grundlegende Recherche in den
offiziellen sowjetischen Publikationen aus Wissenschaft, statistischen Jahres-
blättern, Gesetzestexten, zeitgenössischen Periodika und sonstiger Publizistik
zugrunde.[11] Die Arbeiten tragen umfangreiche Daten zu Wohnstatistiken, politischen Entscheidungen, Prinzipien der Stadtplanung und Planungsprozessen sowie über Verwaltung und Verteilung von Wohnraum zusammen. Sie beschäftigen sich zu einem großen Teil mit Problemen im Wohnungsbausektor und
versuchen, deren Ursachen zu analysieren. Alfred DiMaios *Soviet Urban Housing
Problems and Policies* listet zudem die Etappen in der Wohnpolitik seit der Oktoberrevolution auf und gliedert die Arbeit nach drei Planperioden von 1959 bis
1975 auf. *Housing and Urban Development in the USSR* von Gregory Andrusz weist
ähnliche Qualitäten auf, jedoch mit einem anderen Schwerpunkt – der Autor befasst sich intensiver mit der Geschichte und unterschiedlichen Formen des staatlichen und privaten Eigentums, indem er die individuelle Bautätigkeit gesondert
betrachtet und sie als ein gewichtiges Phänomen in der gesamten Sowjetunion
beschreibt.[12]

---

11 Auch Emigranten aus der Sowjetunion wurden zu den Verhältnissen in den staatlichen Betrieben befragt; siehe dazu Berliner 1952.
12 Andrusz 1984, SS. 99-111.

Eine andere Perspektive und ein breiteres geografisches Interesse kennzeichnet den Sammelband *The Socialist City. Spatial Structure and Urban Policy* (1979), herausgegeben von Richard Hamilton und Anthony French. Die Stadtgeografen und Urbanitätsforscher vergleichen darin Beispiele aus dem gesamten Ostblock-Raum und versuchen das Wesen und die Merkmale der „sozialistischen Stadt" vor allem auf der Basis ihrer räumlichen Struktur zu bestimmen und zu analysieren. Trotz der erheblichen kulturellen und historischen Unterschiede finden die Autoren viele gemeinsame Nenner, die das Sozialistische der Städte bestimmen: die breiten Magistralstraßen, die Gestalt und Austauschbarkeit von massenhaft gebauten Wohnblöcken, das Konzept der „Mikrobezirke" – *mikroraion* – und natürlich die Entscheidungsprozesse einer Planwirtschaft.[13]

Die Frage, inwiefern Samarkand ebenfalls durch das Prisma der „sozialistischen Stadt" betrachtet werden kann, ist nicht zu weit hergeholt, zumal sich einer der Beiträge im Sammelband von Hamilton und French genau mit den urbanen Transformationen der Städte im sowjetischen Zentralasien beschäftigt – ein seltener Fall für sich.[14] Ernst Giese befasst sich in diesem Beitrag vor allem mit den Städten Usbekistans, wobei ihm Samarkand als zentrales Beispiel dient. Er beschreibt die Transformationen in der Stadtstruktur in ihrem sozialen, ethnischen sowie ökonomischen Gefüge entlang der ausgedehnten Zeitspanne vom 16. Jahrhundert über die Epoche der Kolonialherrschaft Russlands bis in die damalige Gegenwart der 1970er-Jahre. Der große Überblick eignet sich als Einführung, geht aber nicht ins Detail und lässt verwirrende Aussagen zu wie z.B. die Behauptung, dass der gesamte „real estate" enteignet wurde.[15] Es scheint zudem, dass Giese vor allem diejenigen Elemente beachtete, die in das Betrachtungsschema der Entwicklung einer sozialistischen Stadt passen, wie Paradestraßen und neue Viertel mit vier- bis fünfstöckigen uniformen Wohnblöcken, während Einiges, das nicht in dieses Bild passt, ignoriert wurde. Weitere aus dem deutschsprachigen Raum stammende Studien über Sowjet-Zentralasien, vor allem aus den Fachrichtungen Human- und Wirtschaftsgeografie, weisen ein ähnliches

---

13 Ähnliche Kriterien fasst auch Jörg Stadelbauer zusammen, verweist aber im Jahr 1994 auf die besondere Notwendigkeit, auf die Prozesse der Transformation in der Folge des Übergangs zur Marktwirtschaft zu schauen, vgl. Stadelbauer 1994, S. 180.
14 Giese 1979.
15 Giese 1979, S. 155. Problematisch ist hier, dass der Ausdruck „*real estate*" als „Grundbesitz" oder auch als „Immobilie" gedeutet werden kann. Je nach dem, welches davon gemeint ist, ändert sich die Bedeutung der Aussage von Enteignung des Grundbesitzes, was richtig wäre, zu Enteignung des Wohneigentums, was definitiv falsch ist.

Narrativ auf, wobei sie sich vor allem auf das Beschreiben und Zusammentragen der Daten beschränken.[16]

Sowjetische Arbeiten zu unserem Themenkomplex existieren in einem erheblichen Umfang. Von der außersowjetischen Wissenschaft wurden diese jedoch kaum als eigenständige Forschungen wahrgenommen, und sie kommen bis heute vor allem in der Rolle von Primärquellen zum Einsatz. Tatsächlich weisen sie einige problematische Punkte auf: Den größten Anteil der Arbeiten zum Thema machen Werke der architektur-, bau- und planungswissenschaftlichen Fach- oder „Gebrauchsliteratur"[17] aus, die einerseits praxisorientiert sind oder aber einen prägnant technischen Charakter haben. Gleichzeitig sind sie durch politische und ideologische Doktrinen wie z.B. das Postulat von der Auflösung der Grenze zwischen Stadt und Land als konsequente Entwicklung in der kommunistischen Gesellschaft[18] oder Vorstellungen über die idealtypische Stadt als Planungsgrundlage[19] geprägt und durch banale Selbstzensur in ihren Aussagen und Ergebnissen eingeschränkt. Diverse Forschungsinstitute für Städtebau und Planung waren in das Bau- und Planungssystem integriert und dem Bauministerium untergeordnet, das als Hauptauftraggeber für Forschung und Publikation fungierte.

Als Beispiel sei hierfür die Zeitschrift *Stroitel'stvo i Arkhitektura Uzbekistana* (Bauwesen und Architektur Usbekistans) genannt: Unter einer eigenen Rubrik zu Städte- und Wohnungsbau wurde hier ein breites Spektrum an Beiträgen veröffentlicht: Tagungsberichte, programmatische Ankündigungen, Berichte über Forschungsergebnisse, die Vorstellung von neuen und, besonders häufig, experimentellen Projekten und Vorhaben. Darüber hinaus trifft man auf den Seiten der Zeitschrift regelmäßig mehr oder weniger direkte Kritik an Mängeln in Wohnungsbau und Bauindustrie, oder einfach Informationen zur aktuellen Situation. Ab Mitte der 60er-Jahre tauchen mehrere Diskussionen zur Rekonstruktion der historischen Städte im Kontext von kulturellem und historischem Erbe und zur Notwendigkeit der Berücksichtigung von lokalen demografischen sowie speziellen klimatischen Bedingungen auf.[20] Während analytische Tiefe und Grad der Re-

---

16 Siehe dazu z.B. Fick 1971, S. 159–197.

17 Bohn 2008, S. 4, Fn. 8.

18 Khorev 1971, S. 50–53.

19 Siehe Webseite: Kosenkova, 'Gradostroitel'noe myshlenie'

20 So z.B. Chebotareva 1974, der Beitrag einer langjährigen Proponentin der standardisierten Flachbauweise. Ihr Beitrag ist ein verzweifelter Aufruf, diese Bauweise wenigstens auf einer experimentellen Basis zu erlauben, was bis dahin offenbar mehrfach theoretisch geplant, jedoch nur auf sehr geringen Flächen und auch nur in Taschkent umgesetzt wurde.

flexion in den Texten stark variieren, bieten sie durchgehend einen extrem wichtigen Einblick in die Diskussionen und Themen, die im gegebenen Zeitraum Politiker, Fachkräfte und Wissenschaftler beschäftigten.

Nach dem Zusammenbruch der Sowjetunion stiegen Interesse und Möglichkeiten, sich mit den Städten und der Wohnpolitik der nunmehr ehemaligen Sowjetunion zu beschäftigen. Es entstanden Arbeiten zu Aspekten des sowjetischen Wohnungsbausystems und den Lebensweisen darin – darunter Monographien zu einzelnen Städten des Sozialismus, zum Phänomen der industriellen Städte, zum Leben in Kommunalwohnungen oder später in Plattenbauten.[21] Für die meisten dieser Arbeiten dienen vor allem große Städte der Russischen, Ukrainischen oder Belarussischen Sowjetrepubliken als Beispiele, während Zentralasien oder Kaukasus kaum präsent sind. Gleichzeitig liegt ihr Fokus in der Regel auf prominenten Phänomenen wie den Kommunalwohnungen oder den allgegenwärtig sichtbaren Ergebnissen der stalinistischen Architektur und der Industrialisierung des Bauens im Massenwohnungsbauprogramm von Khrushchev in den *mikroraions* mit Geschosswohnungsbauten. Individueller Wohnungsbau wird meist nur als Randnotiz vermerkt und findet wenig Beachtung.

Eine herausragende Ausnahme und zugleich eine der aufschlussreichsten Arbeiten zum hier behandelten Thema überhaupt bietet *The Property of Communists. The Urban Housing program from Stalin to Khrushchev* (2010) von Mark Smith. Der Autor dieser Archivstudie untersucht sozialistische Wohnungsbau- und Wohnpolitik mit Augenmerk auf den Besitz- und Eigentumsverhältnissen und bietet eine ausführliche Übersicht über die Möglichkeiten und Paradoxien, die im Umgang damit existierten. Smith eröffnet eine neue Perspektive auf die sowjetische Wohnpolitik, indem er diese als ein klares Wohlfahrtsprogramm betrachtet, das spezifische Formen des Wohnbesitzes hervorgebracht und diesen, trotz des scheinbaren ideologischen Widerspruchs, sogar gestärkt hat. Den privaten Wohnungs-/Hausbau charakterisiert Smith als eine Notwendigkeit, auf die der Staat angewiesen war, und er beschreibt die Bürger-Staat-Beziehung in diesem Kontext als „permitted autonomy" und „sanctioned initiative".[22]

---

21 Für die Betrachtung einer sozialistischen Musterstadt unter Stalin siehe Kotkin 1997, *Magnetic Mountain: Stalinism as a civilization* – eine Studie zu der Industriestadt Magnitogorsk. Für die Erforschung der Kommunalwohnungen siehe z.B. Messana 2011, *Soviet communal living: an oral history of the Kommunalka*, und für einen allgemeinen Überblick über die Wohnsituation nach dem Zweiten Weltkrieg Harris 2013, *Communism on Tomorrow Street. Mass Housing and Everyday Life after Stalin*.
22 Smith 2010, S. 140.

Über die Herausbildung von städtebaulichen Vorstellungen und Vorgaben vor und nach dem Zweiten Weltkrieg und über die schwierige Rolle der sowjetischen Architekten, die zwischen ideologischen und ökonomischen Zwängen agieren mussten, schreibt Yuliya Kosenkova in ihrer Dissertation *Sovetskij gorod 1940-kh – pervoi poloviny 1950-kh godov: ot tvorcheskikh poiskov k praktike stroitel'stva* (2000). In ihrer Studie macht sie nachvollziehbar, wie die Idee von der Stadt als einem Ensemble entstand und nach und nach aufgegeben wurde, und schreibt auch über die Realität der Umsetzung der Projekte. Gleichzeitig macht sie deutlich, dass hinter den idealistisch-ideologischen Vorstellungen der Stadtplaner die Interessen der Bewohner lange Zeit nur eine marginale Rolle spielten und dass die Stadt im sowjetischen Planungssystem als konfliktloses Feld betrachtet wurde.

Bei einem engeren Fokus auf die Städte Zentralasiens fällt auf, dass zu dieser Region bisher nur wenig historische Stadtforschung existiert. Die meisten anthropologischen und geografischen Studien, wie z.B. in dem Sammelband zum urbanen Leben im postsowjetischen Asien (Alexander, Buchli, Humphrey Hg. 2007) oder auch Wladimir Sgibnev (2015), legen starkes Augenmerk auf die Transformation der Städte nach dem Zusammenbruch der Sowjetunion und untersuchen soziale Prozesse, die in dem Umfeld (post)sowjetischer Stadtinfrastrukturen stattfinden. Sie werfen aber kaum einen intensiveren Blick auf die Entstehung der Infrastruktur, deren Wandel sie untersuchen. Das zu Sowjetzeiten Geschaffene erscheint dabei häufig als selbstverständlich gegeben und undifferenziert, und das verhindert den Blick auf die materiellen und sozialen Veränderungen, die im Zuge der sowjetischen Modernisierung stattfanden. Viel konkretes Material, dafür aber genrebedingt mit wenig analytischem Ansatz, bietet die Reihe der Architekturführer zu einzelnen Hauptstädten oder Ländern Zentralasiens.[23] Die Serie trägt vor allem den Geist der Faszination für die in den jüngsten Jahren wiederentdeckten Projekte des sowjetischen Modernismus und die teilweise herausragenden Objekte des Massenwohnungsbaus in sich. Mit Exkursen in die Geschichte der jeweiligen Städte verstehen sich diese Bücher als Bestandsaufnahmen von markanten Architekturobjekten der Sowjetperiode und der Gegenwart; sie eignen sich als Einführung in die jeweiligen Städte und können bei der Entwicklung von weiteren Fragestellungen helfen.

Mit *Tashkent: Forging a Soviet City, 1930–1966* (2010) liefert Paul Stronski eine herausragende Studie über den Aufbau von Taschkent als Republikhauptstadt der Usbekischen SSR zum Musterbild einer modernen und sozialistischen Stadt, an deren Beispiel die Modernisierungskapazität des sowjetischen Systems

---

23 Siehe dazu Meuser (Hg.) 2012; Ramm / Viertelhaus 2016; Schlager 2017.

gezeigt werden sollte. In einer detailreichen Erzählung, die auf umfassender Archivrecherche basiert, zeichnet Stronski die Transformation der physischen, sozialen und kulturellen Landschaft von Taschkent in den Jahren 1930-1966. Den Auf- und Umbau der Stadt beschreibt er als ein Spannungsfeld zwischen dem Anspruch, eine sozialistische Musterstadt für ganz Zentralasien aufzubauen, und zahlreichen infrastrukturellen, finanziellen und auch historischen und kulturellen Herausforderungen. Die Sowjetisierung und Modernisierung nicht nur des Stadtbildes, sondern auch ihrer Einwohner erfolgte laut Stronski mit einem klaren zivilisatorischen Anspruch, der im Kontext der Kolonialismus- und Modernisierungsdebatten der Zeit betrachtet werden muss. Den privaten Hausbau, der in Taschkent nach dem Zweiten Weltkrieg in großem Umfang betrieben wurde, erklärt Stronski vor allem als Ergebnis der Vernachlässigung des Themas seitens der Architekten und Planer, welche zu sehr mit der Gestaltung des repräsentativen Zentrums von Taschkent beschäftigt waren. Er deutet den individuellen Wohnbau im Zusammenhang mit der lokalen Wohntradition und klimatischen Bedingungen, stellt ihn aber nur unzureichend in einen wohnpolitischen und administrativen Kontext.

Boris Chukhovich (2014) untersucht das sowjetische Modernisierungsvorhaben aus postkolonialer Perspektive, indem er die Umbaupläne für Taschkent mit solchen in Maghreb-Staaten und Indien vergleicht. Er macht aufmerksam auf den sowjetischen Orientalismus und sieht das Besondere am sowjetischen Projekt in Zentralasien im Festhalten an der antikolonialen Rhetorik bei gleichzeitiger Verfolgung eines in seinem Geiste zutiefst westlichen Modernisierungsvorhabens.

Eine Fortsetzung auf der Timeline der stadthistorischen Forschung zu Taschkent versprechen die Dissertationsarbeiten von Benjamin Kälin und Alyona Banina zu werden.[24] Im Zuge der Nennung von neueren Forschungsprojekten soll auch die Master-Arbeit von Vera Heinemann nicht unerwähnt bleiben: Die von ihr verfasste Objektbiographie eines experimentellen Hochhauses in Taschkent bietet Erkenntnisse über dieses Stück Stadt- und Planungsgeschichte und legt zudem großen Wert auf die Ästhetik der Dokumentation.[25]

Während Taschkent mit seinen sichtbaren Beispielen die meiste Forschungsaufmerksamkeit auf sich zieht, ist ein intensiverer Blick auf die Geschichte des

---

24 Beide Forschungsprojekte haben den Wiederaufbau von Taschkent nach dem Erdbeben von 1966 zum Thema. Für das Forschungsprojekt von Benjamin Kälin siehe http://www.research-projects.uzh.ch/p19820.htm; für Alyona Banina siehe http://www.research-projects.uzh.ch/p19820.htm (letzter Zugriff am 10.07.2019).

25 „Zwischen Realitäten" heißt dieses Ergebnis einer Master-Arbeit an der Bauhaus-Universität Weimar, die bisher leider nur in 5 Exemplaren existiert, s. https://leonlukasplum.de/zwischen-realitaeten (letzter Zugriff am 13.07.2019).

sowjetischen Samarkand nach dem Zusammenbruch der UdSSR bisher nur selten erfolgt.[26] Zu den seltenen Beispielen gehört der Projektbericht der BTU Cottbus *Städte Usbekistans zwischen Tradition und Fortschritt* (2006). Dieser beschäftigt sich mit den strukturellen Transformationen in den städtischen Räumen von Taschkent und Samarkand im Laufe der Jahrzehnte der sowjetischen Herrschaft und danach. Die Fallstudie zu Samarkand untersucht die Umbauten an Häusern in der Kolonialstadt und bietet eine exemplarische Analyse der dazu gehörenden, für Samarkand spezifischen Höfe und der Geschichte ihrer Nutzung. Individuelle Bauten werden am Beispiel von Taschkent besprochen, indem das Phänomen der Transformation eines freistehenden Hauses zu einem traditionellen Hofhaus untersucht wird. Eine weitere Übersicht über die Masterpläne und die Chronologie der Stadtbebauung von Samarkand bietet der Bericht der Agha-Khan-Stiftung, der im Zusammenhang eines Umgestaltungsprojektes in der Altstadt von Samarkand im Jahr 1996 erschienen ist.[27]

Samarcanda. Storie in una città dal 1945 a oggi (2015) von Marco Buttino ist wahrscheinlich die bis dato ausführlichste Betrachtung des sowjetischen Samarkand. Der Hauptfokus liegt hier auf der Geschichte von vier „ethnischen Vierteln" der Samarkander Altstadt, in denen jeweils Tadschiken, Bucharische Juden, *Mugat* oder *Lo'li*[28] sowie nach Zentralasien deportierte Koreaner die lokale Gemeinschaft bildeten. Die Geschichte der Stadt wird damit anhand der Perspektiven einzelner Gruppen erzählt mit wertvollen und vor allem selten in dieser Kombination zusammengetragenen Einblicken in den Alltag ethnischer Minderheiten am Rande des sowjetischen Imperiums. Gleichzeitig ist Buttino sichtbar bestrebt, einer breiten Leserschaft eine möglichst vielseitige Vorstellung von der Stadt und ihrer jüngsten Geschichte zu vermitteln. Er präsentiert einen ausführlichen Überblick über die verschiedenen Viertel von Samarkand und erläutert die Etappen ihres Aufbaus einschließlich von *mikroraions* und Eigenheimen, geht aber leider dabei nicht sonderlich in die Tiefe. Dennoch gelingt ihm eine treffende Beobachtung der „Vitalität und Komplexität"[29] der unterschiedlichen Wohnformen in Samarkand.

Nach diesem recht ausführlichen Literaturüberblick können wir feststellen, dass das Phänomen des individuellen Bauens in der bisherigen Forschung zwar

---

[26] Aus der sowjetischen Periode existiert das zweibändige Werk von Muminov 1970, das zwar auf jegliche Analyse des reichen Materials verzichtet, aber als Sammlung von Daten und Primärquellen gut benutzt werden kann.
[27] AKTC 1996.
[28] *Mugat* ist die Selbstbezeichnung einer Gruppe von zentralasiatischen Zigeunern, die – pejorativ konnotiert – auch als *Lo'li* bezeichnet werden.
[29] Buttino 2015, S. 68.

sowohl im sowjetischen Zentralasien als auch in anderen Republiken der Sowjetunion erkannt und angesprochen wurde; es fehlt bisher aber meist der tiefere Einblick in die private „Nutzerperspektive", zum Beispiel durch die Erfassung von Berichten von Zeitzeugen sowie eine systematische Untersuchung der reellen Praxis. Was zusätzlich fehlt, ist eine Einordnung in den Kontext der sowjetischen städtebaulichen Planung und ihrer praktischen Umsetzung, einschließlich aller damit zusammenhängenden Aushandlungsprozesse bzw. möglichen Konfliktfelder.

Mit dieser Fallstudie zu Samarkand möchte ich im Folgenden den Versuch unternehmen, diese unterschiedlichen Perspektiven zusammenzubringen und ihr Zusammenwirken zu untersuchen und darzustellen.

2 Wohnpolitik und Städtebau in der Sowjetunion

Stadtplanung und Wohnpolitik von der Oktoberrevolution bis Khrushchev – ein chronologischer Überblick

Vor der Beschäftigung mit dem eigentlichen Beispiel ist es sinnvoll, auf städtebauliche Prozesse zu schauen, die sich in der ganzen Sowjetunion abgespielt haben, um den nötigen Kontext nicht aus den Augen zu verlieren.

Wohnungsmangel war zweifellos eines der dringlichsten sozialen Probleme in der Sowjetunion, und es bestand vom ersten bis zum letzten Tag ihrer Existenz – mit unterschiedlicher Intensität und mit unterschiedlichen Lösungsstrategien. Die Themen Städtebau und Wohnungsfrage hängen unmittelbar zusammen, wurden jedoch in der Sowjetunion nicht immer zusammen gedacht und erfuhren in jedem Jahrzehnt eine andere Konzeption und Priorität.

Die gesetzlichen Grundlagen für einige Besonderheiten der sowjetischen Wohn- und Städtebaupolitik entstanden bereits in den ersten Tagen und Monaten des sowjetischen Staates. Einer der ersten Erlasse der jungen Sowjetmacht war das „Dekret über den Boden" vom 28. Oktober 1917.[30] Dieses schaffte das Recht auf Eigentum an Grund und Boden ab, übertrug den gesamten Boden in den so genannten Volksbesitz und überließ die Verwaltung den lokalen Räten. 1936 wurde die Abschaffung des Bodenbesitzes auch in der Verfassung festgehalten;[31] sie blieb darin bis zum Ende der UdSSR festgeschrieben. So genossen später die Stadtplaner bei großen Projekten, im Gegensatz zum Beispiel zu ihren westeuropäischen Berufskollegen, viel größere Freiheiten, da der sowjetische Staat keine Rücksicht auf Bodenbesitz nehmen musste.[32]

Auf der Ebene der Wohnpolitik verstaatlichte der junge sowjetische Staat in den Jahren 1917–1922 mit zahlreichen Beschlüssen etappenweise große Mengen an bis dahin privatem Wohnraum und übernahm die Kontrolle über die Wohnraumverteilung. Inmitten von Revolution und Bürgerkrieg entstand kaum neuer

---

30 Durch die Kalenderreform findet man in den Quellen unterschiedliche Angaben: 26. Oktober nach dem vorrevolutionären Julianischen Kalender, 8. November nach dem heute noch gültigen Gregorianischen.
31 Artikel 6 der Verfassung der Sowjetunion von 1936.
32 Smith 2010, S. 18.

Wohnraum, daher bestand die Wohnpolitik des jungen Revolutionsstaates primär in der Umverteilung des enteigneten Wohnbesitzes.[33] Besonders anschaulich ist hier das Beispiel von Moskau, das für die neue Regierung als eine Art Experimentierfeld funktionierte. Bereits im Dezember 1917 wurde in Moskau Wohneigentum, dessen Wert bzw. jährlicher Ertrag aus der Vermietung über eine bestimmte Summe hinausging, enteignet. Zwei Erlasse des Moskauer Sowjets aus dem Herbst 1918 „Über die Verfahrensweise der Requirierung von Wohnraum und beweglichem Eigentum" und „Über die Erfassung und Verteilung des bewohnten und unbewohnten Raums in Moskau" führten die bereits begonnene Umverteilung des Wohneigentums weiter.[34] So wurden Personen oder Familien, deren Wohnfläche die festgelegte „sanitäre Norm" von ca. 8 m² pro Erwachsenen[35] überstieg, „verdichtet"[36] – das heißt, ihnen wurden zwangsweise Mitbewohner zugeführt oder, falls als besonders „parasitierend" oder bourgeois betrachtet, wurden die Menschen ausquartiert und mussten Moskau verlassen. Aleksei Fedorov schreibt von mehr als 3.000 Familien, die dieses Schicksal traf.[37] Die Umsiedlung in Häuser der Bourgeoisie begünstigte vor allem Arbeiter und Mitarbeiter der wachsenden Verwaltung des jungen Staates: Kommunalwohnungen wurden geschaffen.

Zweifellos bedeutete diese Umverteilung für Einige etwas bessere Wohnbedingungen als vorher; sie führte aber zu keinem Wohnraumzuwachs, im Gegenteil: Infolge dieser Maßnahmen gingen bis zu 34% des Wohnraumbestandes an den wachsenden bürokratischen Apparat über, wodurch sich die Situation noch mehr verschärfte.[38] Dazu kam die Überforderung der neuen städtischen Verwaltungen, die mit den Folgen von Revolution und Krieg sowie dem Zusammenbrechen von Versorgung und Produktion, welche die Stadt- und Wohnwirtschaft aufrecht erhalten sollte, zu kämpfen hatte, was zu katastrophalen Zuständen führte.[39]

Relativierend wirkt der Umstand, dass dieser Prozess das größte Ausmaß vor allem in Moskau, St. Petersburg (damals Petrograd) und einigen anderen großen Städten annahm. In der Provinz fiel der Anteil des verstaatlichten Wohnraums

---

33 Andrusz 1984, S. 13.

34 Fedorov 2010, S. 240, sowie 244–245.

35 Meerovich 2014, S. 98

36 Eine direkte Übersetzung des russischen Begriffs *uplotnenie*, der in dieser Zeit aufkam.

37 Fedorov 2010, S. 245.

38 Kozenrenko 1928, zitiert nach Andrusz 1984, S. 14. Fedorov schreibt z.B. von 25% Verlust durch Krieg, Revolution und Verfall und 10% durch Umnutzung.

39 Fedorov 2010, S. 246–251.

viel geringer aus.[40] Fedorov schreibt auch, dass der NKVD, der zu diesem Zeitpunkt für die Wohnpolitik zuständig war, abgeschreckt von den Ergebnissen der Moskauer „flächendeckenden Verstaatlichung" von einer konsequenten Abschaffung des Wohnbesitzes in den Städten, so wie sie das Dekret vom August 1918 eigentlich vorsah, Abstand nahm.[41] Dies erklärt die Entstehung des praktischen Kompromisses der Revolutionsjahre, der sich später in der juristischen Formel des „individuellen Eigentums" etablierte.[42]

Die „neue Wohnpolitik" in den Zeiten der Neuen Ökonomischen Politik von 1921 bis 1928 erlaubte eine teilweise Rückübernahme der verstaatlichten Häuser durch ihre Vorbesitzer sowie die Vermietung von Wohnraum. Zudem wurden selbstverwaltete Wohngemeinschaften zugelassen, womit teilweise eine wenn auch stark beschränkte Wiederherstellung von privatem Eigentum möglich wurde.[43] Die Besitzer wurden verpflichtet, für die Erhaltung ihres Wohnraums zu sorgen. Im Jahre 1924 wurde eine Form von Wohnkooperativen ins Leben gerufen, die die Anmietung oder den Bau von Wohnungen zum Ziel hatten; diese wurden aber 1937 wieder abgeschafft und ihr Wohnraumbestand ging in den Besitz der lokalen Verwaltung über.[44] Damit nahm sich der Staat die Rolle des einzigen Organs, das über die Wohnraumverteilung bestimmte, zurück.

Des Weiteren wurde im Laufe der 1920er-Jahre das sowjetische Mietrecht herausgearbeitet: Nach einer kurzen Phase der kompletten Mietfreiheit (1921–1922) wurde ein Tarifsystem eingeführt, das die Höhe der Miete von der Qualität des Wohnraums, vom Einkommen und von der sozialen Klasse des Mieters abhängig machte und dabei insbesondere die Arbeiter begünstigte. Die Berechnung der konkreten Satzhöhe pro Quadratmeter wurde lokalen Sowjets überlassen; der Höchstsatz wurde zentral festgelegt und blieb bei 13,2 Kopeken pro Quadratmeter, womit allerdings die laufenden Kosten nicht gedeckt werden konnten. Das Gesetz wurde zwar im Laufe der Jahrzehnte angepasst, in seinem Wesen und in der Methodik sowie der Größenordnung der Tarife blieb es jedoch bis ans Ende der Sowjetunion gültig, sodass eine Familie beispielsweise im Jahr 1961 lediglich ca. 3-4 Prozent ihres monatlichen Einkommens für Wohnen ausgeben musste.[45]

---

40 Andrusz 1984, S. 14.
41 Fedorov 2010, S. 252.
42 Mehr dazu im nächsten Unterkapitel.
43 Vereshchak 2011, S. 209. Der Staat gab meist sehr heruntergekommene Wohnungen und Häuser „zurück" an die Besitzer mit der Auflage, sie zu renovieren. Außerdem blieb das Land, also der Boden, ab der Nationalisierung im Jahr 1917 im Besitz des Staates.
44 Erlass des Exekutivkomitees SNK vom 17.10.1937.
45 Andrusz 1984, S. 28 und S. 299 Fn. 5.

Die niedrigen, ja fast symbolischen Mieten waren ein wichtiges Propagandaargument für die sowjetische Führung im Vergleich mit den westlichen kapitalistischen Staaten, mit dem erklärten Ziel, Mieten in der kommunistischen Zukunft komplett abzuschaffen.[46] Das Festhalten an den niedrigen Mieten sorgte dafür, dass der staatliche Wohnungssektor ein hoch subventionierter und chronisch unterfinanzierter Bereich blieb, was sich in seiner Qualität niederschlug.

Thomas Bohn erinnert daran, dass es keine marxistischen Vorgaben für eine sozialistische Stadt gab, sodass die Konzeption der sowjetischen Städte den Stadtplanern und Ideologen überlassen war.[47] Dementsprechend wandelten sich auch Verständnis und Idealbild einer Stadt im Laufe der Jahrzehnte. Die 1920er-Jahre waren von unterschiedlichen utopischen Vorstellungen und Diskussionen über die Gestaltung der Städte und des neuen sozialistischen Wohnens geprägt. Als Beispiel für eine frühe utopische Sichtweise können die „Kommunenhäuser" genannt werden – diese versuchten mit Hilfe architektonischer Lösungen auf Basis eines kollektivistischen Lebensmodells mit dem konventionellen Familienbild zu brechen, für die Emanzipation der Frau zu sorgen und einen neuen, sowjetischen Typ Menschen zu schaffen und zu erziehen.[48] Eine weitere Diskussion fand zwischen den so genannten „Urbanisten" und „Desurbanisten" statt. Die Letzteren begründeten in ihren theoretischen Schriften die Notwendigkeit der Begrenzung des städtischen Wachstums und forderten die Auflösung der Städte und eine Dispersion der Industrie im Land in dem Bestreben, mit dem bourgeoisen, individualistischen Leben zu brechen, das die Städte provozierten.[49] Die meisten dieser Ideen gelangten jedoch nicht über das Stadium des Entwurfs hinaus und wurden Anfang der 30er-Jahre von einer neuen Tagesordnung überholt.

Zur Zeit der stalinistischen Herrschaft hatte die Industrialisierung oberste Priorität, weswegen nur ungenügend Investitionen für den Wohnungsbau vorgenommen wurden. Gleichzeitig fand auf der konzeptionellen Ebene eine Abkehr von utopischen Gesellschaftsbildern statt, hin zu einer pragmatischen Sichtweise, welche sich in Versuchen äußerte, das Wachstum der Städte zu begrenzen und die Infrastruktur zu verbessern.[50] Dabei waren es vor allem die Eliten und für besondere Verdienste belohnte Arbeiter, die in den wenigen dieser Wohnungen

46 Programm der KPdSU von 1961, Abschnitt II.
47 Bohn 2008, S. 4.
48 Ausführlicher über die sowjetische Architekturavantgarde siehe A. Kopp 1970.
49 Bohn 2008, S. 33.
50 Bohn 2008, S. 34.

untergebracht wurden. So konnte Wohnraum leicht als Mittel zur Kontrolle benutzt werden – er wurde zur Belohnung erteilt und als Bestrafung entzogen.[51] Als Orientierung, insbesondere bei Stadtneugründungen, galten für die Architekten früher herausgearbeitete Prämissen: eine Gliederung der Stadt in unterschiedliche Zonen für Wohnen, Arbeiten und Erholung – und ausreichend Grünanlagen und Licht.[52] Als Beispiel und Leitlinie für viele große Städte wurde lange der Moskauer Generalplan von 1935 und damit seine kreis-radiale Anordnung der Straßen betrachtet.[53] Gebaut wurden vor allem repräsentative Straßenzüge und Plätze im monumentalen neoklassizistischen Stil, passend für Paraden und Großdemonstrationen, während die Schaffung einer ausreichenden Menge an Wohnraum keine Priorität hatte.

Durch die Zerstörungen im Zweiten Weltkrieg verlor die Sowjetunion ein Sechstel des gesamten städtischen Wohnraumbestandes; hinzu kam noch einmal so viel an beschädigten Wohnungen.[54] Damit wurde die bereits davor herrschende Wohnungsnot enorm, ja katastrophal. In Städten, die weiter von den gefährdeten Grenzen entfernt lagen, z.B. am Ural oder in den Republiken Zentralasiens, war die Situation ebenfalls schwer, da diese Regionen Tausende Evakuierte aus den Kriegsgebieten aufgenommen hatten. Die Baumaßnahmen, die daraufhin getroffen wurden, überstiegen zwar die Vorkriegszahlen, konnten aber den Bedarf nur sehr rudimentär decken, was die Menschen an den Rand der Verzweiflung trieb. Davon zeugen zahlreiche Beschwerden der Sowjetbürger an alle nur möglichen Instanzen.[55] Die Gründe dafür lagen sowohl in der unzureichenden und schlecht koordinierten Finanzierung – selbst nach dem Krieg wurde dem Wohnungsbau nämlich durch Stalin nicht oberste Priorität zugewiesen[56] – als auch in der zerstörten Bauindustrie und im Fehlen von Arbeitskräften. Dennoch,

---

51 Meerovich 2014, S. 97. Smith schreibt aber dazu, dass die Wohnraumknappheit weniger ein bewusstes Mittel der Kontrolle und Disziplinierung war, sondern dass sie als Nebenprodukt der gegebenen Ressourcenknappheit bzw. einer anderen Prioritätensetzung zu verstehen ist (Smith 2010, S. 186, Fn.14).
52 Viele dieser Vorstellungen waren keine genuin sowjetischen, vielmehr haben sie ihren Ursprung in den Ideen zur Modernisierung des Städtebaus sowie des sozialen Wohnungsbaus in Westeuropa, die in den 1920er–30er-Jahren in Organisationen wie CIAM (Congrès Internationaux d'Architecture Moderne), in die auch sowjetische Architekten involviert waren, entwickelt wurden (Mumford 2009).
53 Bohn 2008, S. 303.
54 Andrusz 1984, S. 19.
55 Smith 2010, S. 178. Die Wiederaufbaumaßnahmen nach dem Krieg beschreibt Smith als „simultaneously unprecedented and dreadfully inadequate".
56 Smith 2010, S. 32–33.

so Smith, wurden gerade in diesem Nachkriegschaos Ideen und Strategien entwickelt und damit die Voraussetzungen geschaffen, die es Khrushchev später ermöglichen sollten, sein Massenwohnungsbauprogramm umzusetzen. Smith beschreibt dies als „a latent proto-programme", in dem zahlreiche große und kleine
Prozesse und Initiativen sowohl im Zentrum als auch lokal, nicht zentralisiert
und meist unbewusst, trotz der fehlenden Priorisierung dazu beitrugen, dass
nach und nach die industrielle Basis ausgebaut, die Organisationsstruktur der
Wohnungswirtschaft reformiert und Finanzierungsmodelle sowie die Anreize für
Arbeitskräfte verbessert wurden.[57]

Eines der erfolgreichsten Programme des Wiederaufbaus nach dem Krieg hat
unmittelbare Bedeutung für die vorliegende Arbeit: es handelt sich um die Unterstützung und Förderung von individuellem Hausbau, welche sich in zwei Gesetzen von 1944 und von 1948 manifestierte. Das erste ordnete ein Programm zur
Wiederherstellung des Wohnraumbestandes in befreiten Gebieten an, und das
zweite behandelte die weitere Reglementierung von Kauf und Bau von individuellen Häusern.[58] In der Folge machte der individuelle Bereich in den Jahren 1946-
1949 im Schnitt 30 Prozent des gesamten Neubaus von Wohnraum aus, und in
einigen Städten, z.B. in der Ukraine, erreichte der Anteil sogar bis zu 70 Prozent.[59]
Auf Bedeutung und Umfang des individuellen Bauens werde ich im übernächs-
ten Abschnitt ausführlicher eingehen.

In der Amtszeit von Khrushchev, der nach Stalins Tod im Jahr 1953 General-
sekretär der KPdSU wurde, änderte sich die Prioritätensetzung. Zuerst wurde im
Jahr 1955 eine Revision aller Projekte in Hinblick auf „überflüssige" Gestaltungs-
oder Dekorelemente gefordert mit dem Ziel, die Baukosten möglichst zu reduzieren.[60] Im selben Jahr wurde eine Dezentralisierung der Stadtplanung durchgesetzt, indem die Verantwortung dafür an die Unionsrepubliken abgegeben
wurde. Gleichzeitig wurde die Anwendung industrieller Methoden im Bauwesen
vorgeschrieben.[61]

Das Jahr 1957 markiert den Start des unionsweiten Wohnungsbauprogramms
und den Startschuss für das industrielle Bauen. Das Versprechen, jede Familie
innerhalb von zwölf Jahren mit einer individuellen Wohnung auszustatten, wird
zu einem der wichtigsten politischen Ziele des nächsten Jahrzehnts.[62] In Bezug

---

57 Smith 2010, S. 52–58 und 179.
58 Erlass des Präsidiums des Obersten Rates der UdSSR vom 26.08.1948.
59 Andrusz 1984, S. 99.
60 Beschluss des ZK der KPdSU vom 04.11.1955.
61 Bohn 2008, S. 303.
62 Erlass des Zentralkomitees und Ministerrates der UdSSR vom 31.07.1957 „Über die Entwicklung des Wohnungsbaus in der UdSSR".

auf den individuellen Hausbau war die Politik des sowjetischen Staates, wie diese Arbeit zeigen wird, von Pragmatismus und Kosten-Nutzen-Überlegungen geprägt, indem für die Lösung des Wohnraummangels auch individuell vorhandene Mittel der Bevölkerung herangezogen wurden. Bereits 1962 wird die Regelung zum individuellen Bauen jedoch verschärft: Die Zuteilung von Parzellen und Krediten für das individuelle Bauen wird in den Hauptstädten der Unionsrepubliken verboten; die Ministerräte der Republiken behalten aber das Recht, über die Handhabung des individuellen Bauwesens selbst zu entscheiden. An die Stelle des individuellen Bauens soll nun die Förderung von Baukooperativen treten.[63] Dabei handelte es sich um den Bau von Wohnblöcken, in denen die Bürger eigene Wohnungen haben sollten.

Zeitgleich setzte sich in der stadtplanerischen und städtebaulichen Praxis die Idee des *mikroraion* (Mikrobezirks) durch, einer strukturierenden Planungs- und Baueinheit für Wohngebiete in den Städten. Für eine bestimmte Zahl von Bewohnern festgelegt, vereinigten diese Einheiten vier- bis fünfgeschossige Platten- oder Backsteinbauten und Objekte der öffentlichen Infrastruktur wie Schulen, Kindergärten und Einkaufsmöglichkeiten, deren Anordnung und Kapazitäten festgelegten Standards und Berechnungen folgte – eine Planungsmethode, die das Antlitz zahlreicher Ostblockstädte prägen sollte. Diesen Massenwohnungsbau und die Organisation der Zuteilung an die Bevölkerung beschreibt Smith als eine der umfangreichsten und aufschlussreichsten Wohlfahrtsmaßnahmen der SU und als eine der größten sozialen Reformen in der europäischen Geschichte.[64] Während die vier- bis fünfstöckigen Etagenbauten sprichwörtlich für das damalige Wohnungsbauprogramm stehen, ist der gleichzeitige individuelle Wohnungsbau viel weniger bekannt. Von Ausmaß und Bedeutung des Letzteren sowie von den rechtlichen Aspekten wird in den folgenden Abschnitten die Rede sein.

Das Haus als individuelles Eigentum in der Sowjetunion

Es ist bereits deutlich geworden, dass das Wohnungsbauprogramm, das in der Regel mit Khrushchev assoziiert wird, schon unter Stalin nach dem Zweiten Weltkrieg ansetzte und dass der individuelle Hausbau bei der Entschärfung des Wohnraummangels eine große Rolle spielte – stellenweise gefördert und unter-

---

63 Erlass des ZK der KPdSU vom 01.06.1962. „Über den individuellen und kooperativen Wohnungsbau".
64 Smith 2010, S. 151.

stützt durch den Staat. Diese Erkenntnis mag zuerst als ein Widerspruch erscheinen: zu stark ist das Image der Sowjetunion als kollektivistischer Staat. Der Umstand, dass der Boden tatsächlich komplett verstaatlicht war, hat zusammen mit den Enteignungen der 1920er- und 30er-Jahre zu dieser Sichtweise beigetragen. Angesichts des Umfangs und der Bedeutung, die der individuelle Hausbau in der UdSSR spielte, stellt sich natürlich die Frage nach dem rechtlichen Status dieser Eigentumsform. Auf diese Aspekte geht dieses Kapitel ein und es wird sich zeigen, wie die Frage des privaten Wohneigentums im sowjetischen Recht gelöst wurde und wie sich die Praxis gestaltete.

Insgesamt existierten im sowjetischen System vier Formen des Wohneigentums: sozialistisches, also Eigentum der Sowjets (Räte); betriebliches oder behördliches Eigentum (*vedomstvennaya sobstvennost'*)[65]; kooperatives Eigentum; und als letztes und für diese Arbeit relevantes: persönliches Eigentum (*lichnaya sobstvennost'*), also Eigentum der Bürger. Bei den privat gebauten Häusern handelte es sich genau um diese letztere Eigentumsform.

Es ist kein Zufall, dass dieser Eigentumstyp nicht als „privates Eigentum" *chastnaya sobstvennost'*, sondern als „persönliches Eigentum", also *lichnaya sobstvennost'*, bezeichnet wurde. Diese Sonderform wurde im sowjetischen Recht nach der Abschaffung des Privateigentums unmittelbar nach der Oktoberrevolution herausgearbeitet, was aber nicht das komplette Verschwinden aller Formen privaten Eigentums bedeutete.[66] Die Bestimmungen zum individuellen Wohneigentum setzten sich aus diversen Dekreten, Gesetzen und letztlich Einträgen in der Verfassung der UdSSR von 1936 zusammen.[67] Demnach durfte ein Bürger ein Haus als persönliches Eigentum besitzen und hatte das Recht, es zu verkaufen, zu verschenken, zu vererben und sogar zu vermieten, das alles allerdings mit strengen Auflagen: Je nach Gesetzeslage durfte das Haus eine bestimmte Anzahl von Zimmern oder Quadratmetern nicht überschreiten und nicht zur Generierung von so genannten „Einkünften, die nicht durch Arbeit erzielt werden" (*netrudovye dokhody*) dienen, die Miete durfte also nicht die staatlich festgelegten Höchstsätze überschreiten.[68]

Diesen Einschränkungen liegt der Unterschied zugrunde, den die sowjetischen Rechtswissenschaftler zwischen privatem und persönlichem Eigentum machten: Während das eine als kapitalistische Eigentumsform gedacht wurde, die zum Gewinn von Kapital und zur Ausbeutung von Menschen diente, war das

---

65 Als *vedomstvo* konnten Behörden, Organisationen oder industrielle Betriebe gelten.
66 Smith 2010, S. 18.
67 Smith 2008, S. 284, fn. 6.
68 Smith 2008, S. 285 und Andrusz 1984. S. 102.

individuelle Eigentum lediglich zum persönlichen Gebrauch gedacht, wie Kleidung oder Möbel, ein Produkt eigener Arbeit, also „ehrliches", „verdientes" Gut. Das Wohneigentum wurde so auf reines „Nutzeigentum" reduziert und dadurch in Einklang mit der sozialistischen Moral gebracht.[69] Was nicht vergessen werden darf: Der Boden blieb dabei stets Eigentum des Staates und konnte jederzeit bei Bedarf, z.B. für staatliche Bauvorhaben, wieder entzogen werden. Im Regelfall wurde er aber bei der Vergabe von Parzellen zu einer „unbefristeten Nutzung" (*bessrochnoe pol'zovanie*) übergeben.

Den eigentlichen Ursprung dieser Eigentumsform und der Praktiken des Umgangs damit sieht Mark Smith in einem „praktischen revolutionären Kompromiss"[70], denn wie bereits oben beschrieben hätte die neue revolutionäre Verwaltung gar nicht die Kapazitäten und Ressourcen gehabt, den gesamten Wohnraumbestand zu verwalten. Zudem zeigten die offensichtlich abschreckenden Beispiele von Moskau und Petrograd, was eine totale Verstaatlichung bedeuten würde. So blieben bis in die 1960er-Jahre hinein 30 Prozent des Wohnraumes in der UdSSR in privaten Händen.[71]

Smith betrachtet den sowjetischen Wohnungsbau – sowohl den staatlichen als auch den individuellen – aus der Perspektive der Leistungen eines Wohlfahrtsstaates, in dem Sozial- und Eigentumsrechte im Zuge des Nachkriegsaufbaus einander stärkten. Mit dem Wohnungsbauprogramm von Khrushchev kamen unterschiedliche Formen des individuellen Eigentums zustande, die einen für die UdSSR spezifischen Nexus bildeten.[72] Die Besonderheit des sowjetischen Modells, das Smith beschreibt, beinhaltet nicht nur den Erhalt und Aufbau in großem Umfang von *de jure* individuellem Eigentum, sondern auch von staatlichem Wohnraum, der zwar offiziell vermietet wurde, *de facto* aber Eigenschaften des Eigentums besaß:

> [...] the Soviet Union was distinctive in allocating a high level of individual ownership to residents who, by law, were tenants. In (Western) welfare states, state and private tenants held much more limited rights of possession, and no real rights of ownership at all.[73]

Zwar bezieht sich Smiths Argumentation auf die gesamte Sowjetunion, als Hauptbeispiel dient ihm aber die RSFSR. Jedoch unterschied sich die Gesetzgebung unter den Unionsrepubliken. Ein interessantes Beispiel hierfür liefert der

---

69 Smith 2008, S. 285.
70 Smith 2010, S. 143.
71 Andrusz 1984, S. 100 ff.
72 Smith 2008, S. 286.
73 Smith 2010, S. 150.

Zivilkodex der Usbekischen Sowjetrepublik, der zuließ, dass eine Person nicht nur als Miteigentümer des ganzen Hauses eingetragen wurde, sondern als alleiniger Eigentümer eines konkreten Teils des Gebäudes gelten konnte. So war in Artikel 134 des Zivilkodex der UzSSR vorgesehen, dass die Eigentümer berechtigt waren, eine Teilung des Hauses unter Berücksichtigung der ihnen gehörenden Teile durchzuführen, sodass bei jedem von ihnen ein separater Hausteil (Wohnung oder abgetrenntes Zimmer) als individuelles Eigentum eingetragen werden konnte.[74]

Mit dieser besonderen Regelung wurde wahrscheinlich dem Umstand Rechnung zu tragen versucht, dass in vielen Fällen verheiratete Söhne im Wohnverband mit den Eltern blieben, gleichwohl aber einen eigenberechtigten Hausstand haben sollten.

Individueller Wohnungsbau nach dem Zweiten Weltkrieg

Wie bereits erwähnt, führten die Zerstörungen durch den Zweiten Weltkrieg und die katastrophale Wohnungsnot danach unter anderem dazu, dass die individuelle Bautätigkeit eine explizite Förderung und Unterstützung durch den Staat bekam. Im untersuchten Zeitraum der 1950er- und 60er-Jahre blieb die Einstellung der Politik zu dieser Art Wohnungsbau jedoch nicht konstant. Für die Phase der intensiven Förderung ist die Gesetzgebung der Jahre 1944[75] und 1948[76] maßgebend. Der Erlass von 1944, bereits ein Jahr vor Kriegsende, schrieb unter anderem eine im Vergleich zu der Bestimmung aus dem Jahr 1939 großzügigere und breitere Grundlage für die Vergabe von Krediten vor (zehn- statt fünftausend Rubel, und dies für die Dauer von maximal sieben Jahren im Vergleich zu den bisherigen fünf, für bestimmte Berufsgruppen sogar bis zu zehn Jahren). In seinem Titel bezieht sich der Erlass direkt auf den Wiederaufbau der vom Krieg zerstörten Gebiete. Es ist anzunehmen, dass er zuerst vor allem in diesen Gegenden zur Anwendung kam. Während individueller Hausbau in den Jahren 1946–1949 im Durchschnitt 30 Prozent des gesamten neu errichteten Wohnraumbestandes ausmachte, ging der Anteil in einigen Gegenden der Ukraine (z.B. im heutigen Lugansk) bis an die 70 Prozent, und selbst in Kiew waren es 43 Prozent.[77] Andere statistische Daten zeigen, dass das Kreditprogramm bereits in den ersten Jahren

---

74 Vedomosti Verkhovnogo Soveta UzSSR. 1963, Nr. 9, S. 30.
75 Erlass des SNK vom 29.05.1944.
76 Verordnung des Präsidiums des Obersten Sowjets der UdSSR vom 26.08.1948.
77 Andrusz 1984, S. 99.

nach dem Krieg aktiv genutzt wurde: Wohnungsbaukredite machten den größten Anteil bei der Kommunalbank aus.[78]

Im Beschluss von 1948 fehlt der Bezug zum Wiederaufbau nach dem Krieg; vielmehr war sein Ziel, Gesetzgebung und vorhandene Regelungen zu vereinheitlichen und das Recht auf Hausbau und Wohnraumerwerb zu verankern. Damit durfte jeder sowjetischer Bürger ein individuelles Haus (ein- bis zweistöckig, maximal fünf Zimmer groß) bauen. Mit kleineren Korrekturen blieb dieser Beschluss in den darauf folgenden Jahrzehnten die rechtliche Grundlage für den individuellen Hausbau. Smith bezeichnet die in der Zeit zwischen 1944 und 1950 umgesetzten bzw. verabschiedeten Bauprogramme als „the first substantial government-directed housing construction policy in either Soviet or Russian history".[79]

Die gesamtstaatlichen Investitionen in den Wohnungsbau verdoppelten sich in der fünften (1951–1955) und sechsten (1956–1960) Planperiode jeweils und erreichten damit 23,5 Prozent, also knapp ein Viertel, des staatlichen Budgets.[80] Davon profitierte auch der individuelle Wohnungsbausektor, der ebenfalls durch die 1950er-Jahre hindurch ein wichtiger Bestandteil der sowjetischen Wohnpolitik blieb und mit einer pragmatischen und flexiblen Einstellung seitens der Politik betrieben wurde. Zu diesem Schluss kommt Mark Smith, indem er die Republikhauptstädte sowie verschiedene große und mittelgroße Städte der UdSSR vergleicht und unterschiedliche Entwicklungen im individuellen Hausbausektor im Zeitabschnitt von 1940 bis 1960 feststellt. Er beobachtet eine Bandbreite an Variationen in Bezug auf die Anzahl der gebauten individuellen Häuser, und zusammen mit anderen Daten leitet er davon eine Situation großer Flexibilität ab, in der die städtischen Verwaltungen und Betriebe je nach den zur Verfügung stehenden Möglichkeiten sowohl auf die eine als auch auf die andere Form des Wohnungsbaus zurückgreifen konnten, um der Wohnungsnot in ihren Städten zu begegnen.[81]

Zusätzlich verpflichtete der Staat lange Zeit verschiedene Betriebe und Einrichtungen, einen Beitrag zur Beseitigung der Wohnungsnot zu leisten. Sie wurden angeregt oder gezwungen, *de facto* Sozialleistungen für ihre Beschäftigten in Form von Wohnungen in eigens dafür gebauten Häusern oder in Form von Baumaterialien für individuell zu errichtende Häuser zur Verfügung zu stellen.[82]

---

78 Smith 2008, S. 287–288.
79 Smith 2010, S. 36.
80 Andrusz 1984, S. 19.
81 Smith 2010, S. 90–91.
82 Smith 2010, 38 ff.

Gleichzeitig standen Stadtverwaltungen und Betriebe vor den gleichen organisatorischen, finanziellen und technischen Problemen wie der Rest des Wohnungsbausektors und konnten daher den Anforderungen nur bedingt nachkommen. Das Plansoll wurde dennoch stets sehr hoch angesetzt – so wurden für die Jahre 1956–1960 individuelle Häuser im Umfang von 113 Millionen Quadratmetern geplant, was 34 Prozent des gesamten neu gebauten Wohnraums ausgemacht hätte.[83] Diese ambitionierten Zahlen zeigen, welche Bedeutung dem individuellen Wohnungsbau im Gesamtrahmen des unionsweiten Wohnungsbauprogramms von 1957 beigemessen wurde.

Durch die intensive Förderung erreichte der private Sektor in den Jahren 1956–1960 zwar nicht die angestrebten 34 Prozent, immerhin aber eindrucksvolle 25 Prozent der gesamten Neubauten im städtischen Raum. Das Jahr 1960 markiert den Höhepunkt, indem der Anteil der individuellen Bauten am Gesamtwohnraumbestand der Union 39,1 Prozent erreichte.[84] Diese Daten entstammen dem von Gregory Andrusz zusammengestellten Überblick über die Dynamiken im Verhältnis zwischen privatem und staatlichem Wohnraum, aufgeteilt nach Republiken. Darin fällt auf, dass in der Usbekischen SSR im Jahr 1960 der private Wohnraum den höchsten Anteil innehatte, nämlich 63,7 Prozent. Taschkent hatte dabei nach Angaben des damaligen Hauptarchitekten von Taschkent, Bulatov, den größten Prozentanteil an privaten Häusern unter den großen Städten in der gesamten Sowjetunion.[85]

Der Staat bemühte sich, mit Auflagen zu Größe von Grundstück und Wohnfläche den Prozess unter Kontrolle zu behalten: Je nach Region und Örtlichkeit durften die Grundstücke zwischen 300 und 600 Quadratmetern in der Stadt und zwischen 700 und 1200 Quadratmetern außerhalb der Stadtgrenzen nicht überschreiten. Im Jahr 1958 wurde zudem festgelegt, dass die Wohnfläche maximal 60 Quadratmeter betragen durfte. Diese Norm konnte jedoch durch die Größe der Familie bzw. durch Sonderrechte, die an bestimmte Gruppen wie Kriegsveteranen, hohe Militärs oder höhere Fachangestellte vergeben wurden, erhöht werden.

Die Parzellenzuteilung konnte per Antrag beim städtischen Ispolkom oder über den Arbeitgeber-Betrieb erwirkt werden. Eigenheimbau war eine begehrte und häufig auch die einzige Option, die eigene Wohnsituation zu verbessern, und so barg die Frage der Zuteilung reichlich Spekulations- und Konfliktpotential. Die Unübersichtlichkeit der Lage und die Abwesenheit von einheitlichen Wartelisten

---

83 Andrusz 1984, S. 100.
84 Andrusz 1984, S. 100 u. 290–291.
85 Stronski 2012, S. 316 Fn. 67.

provozierten Situationen, bei denen Einige „vergessen" und Andere bevorzugt wurden – sei es durch bloße Zugehörigkeit zu einem wichtigen Betrieb oder durch sonstige Modelle von Klientelismus und informellen Beziehungen, wie den notorischen *blat*.[86] Da die Zuteilung staatlichen Wohnraums von den selben Problemen gekennzeichnet war, bemühten sich Politik wie Behörden nach und nach, Ordnung in die Wartelisten zu bringen. In Leningrad wurden die ersten diesbezüglichen Versuche bereits Mitte der 1950er-Jahre unternommen.[87] Die Ansätze gingen nicht immer in Richtung Zentralisierung. So wurde zum Beispiel in Taschkent 1969 die Listenführung von den Bezirks-Ispolkoms als Aufgabe an die Arbeitgeber weitergereicht, was eigentlich Dezentralisierung bedeutete.[88]

Neben den Problemen mit der Zuteilung wurde der individuelle Wohnungsbau auch durch infrastrukturelle Schwierigkeiten begleitet. In den Fällen, wo der tatsächliche Neubau nicht mit den Plänen oder den Kapazitäten der städtischen Behörden übereinstimmte, wo Interessenskonflikte zwischen der Stadtverwaltung und anderen Akteuren – wie industriellen Betrieben oder umliegenden Kolchosen – bestanden, oder wo man einfach durch allgemeinen Mangel an Finanzen und Arbeitskraft ins Hintertreffen geraten war, wurden die so genannten „Viertel der planmäßigen individuellen Bebauung" häufig stiefmütterlich behandelt. Oft wurden schlecht geeignete bzw. abgeschiedene Territorien zugewiesen. Für Klagen und Kritik sorgte auch die mangelhafte oder ganz fehlende Bereitstellung von Infrastruktur,[89] was die Wohnqualität in solchen Vierteln minderte.

Während die gesetzlichen Rahmenbedingungen das individuelle Bauen in den 1950er-Jahren förderten, waren es letztlich die Ressourcen und Kapazitäten vor Ort, die für die Umsetzung ausschlaggebend waren. Auch auf der obersten Regierungsebene waren die Meinungen über die Rolle bzw. die Folgen einer konsequenten Umsetzung sehr unterschiedlich. Auf der einen Seite standen die Befürworter, darunter der Leiter des Bauministeriums Gosstroi, Vladimir Kucherenko, die den Sektor weiter ausbauen wollten und unterschiedliche Vorschläge ausarbeiteten, wie das System effektiver gestaltet werden könne. Das schloss eine bessere Versorgung mit Baumaterialen sowie höhere Kredite bzw. längere Rückzahlungsfristen ein.[90] Zudem haben einige sowjetische Stadtforscher darauf hingewiesen, dass ein Grundstück mit Garten für Neuankömmlinge vom Land in

---

86 Smith 2010, S. 94. Zum Phänomen des sowjetischen *blat* siehe Ledeneva 1998.
87 Smith 2010, S. 94.
88 Biryukov 1971.
89 Andrusz 1984, S. 103
90 Smith 2010, SS. 90, 161–162.

den Städten eine Überlebensfrage war.[91] Auf der anderen Seite befanden sich die Kritiker, die von unterschiedlichen Standpunkten her argumentierten. Neben der ideologischen Kritik, die den individuellen Wohnungsbau als Förderung eines kleinbürgerlichen Lebensstils und des Missbrauchs von Parzellen für Anbau und so genannten spekulativen Verkauf von privater agrarischer Produktion verurteilte, wurden auch im engeren Sinne ökonomische Gründe wie die Verschwendung von Bauland und die sehr hohen Kosten für die Bereitstellung von Infrastruktur bei geringer Dichte der Bebauung angeführt. Zum anderen wurden ästhetische Argumente vorgebracht, da der Anblick solcher individuellen Bauten nicht dem Bild einer modernen Stadt entsprochen habe.[92]

Insgesamt wurde der individuelle Hausbau, so Andrusz, vom Staat als „notwendiges Übel" betrachtet, das toleriert und teilweise gefördert wurde, solange der Staat nicht in der Lage war, den Bedarf an Wohnraum alleine einzulösen. Außerdem brachte er private Ersparnisse der Bürger in Umlauf – zum Beispiel beim Ankauf von Baumaterialien. Gleichzeitig benutzte der Staat bestimmte Formen der kollektiven Organisation für propagandistische Zwecke: Die lokalen Initiativen, bei denen Kollegen eines Betriebs gemeinsam für sich selbst Wohnungen und Häuser bauten – was als *narodnaya stroika* „Volksbaustelle" oder *metod gor'kovchan* „Gorky-Methode" bezeichnet wurde – wurden groß propagiert und als ein Akt des „hohen sozialistischen und kollektiven Verantwortungsbewusstseins" gefeiert.[93]

Der individuelle Bausektor hatte auch eine Schattenseite in der Gestalt von nicht autorisiertem Bauen, das in der UdSSR als *samovol'noe stroitel'stvo* bezeichnet wurde. Später in dieser Arbeit werde ich am Beispiel von Samarkand noch intensiv auf dieses Phänomen eingehen. Mark Smith erweitert Andrusz' Beobachtung vom „notwendigen Übel", indem er verstärkt auf die Perspektive der Bürger eingeht und das individuelle Bauen, offizielles wie inoffizielles, sowie andere legale wie illegale Strategien der Wohnraumbeschaffung als Ausdruck von „permitted autonomy" identifiziert. Ihm zufolge war all dies „systemic to the urban housing economy", insbesondere in der Periode zwischen 1944 und 1964.

Die Wende bahnte sich bereits 1958 an, als der kooperative Wohnungsbau erneut erlaubt und schrittweise auf die Agenda geholt wurde.[94] Der industrielle

---

91 Svetlichnyi in DiMaio 1974, S. 28.
92 Andrusz 1984, S. 104.
93 Eine Initiative, bei der sich Kollegen gegenseitig bei der Errichtung der Häuser halfen, wodurch diese recht schnell gebaut werden konnten. Ausführlicher über das Phänomen der „Gorky-Methode" und die damit verbundene Kampagne bei Harris 2013, S. 154–171.
94 Smith 2010, S. 108

Wohnungsbau gewann parallel immer mehr an Stärke, sodass der Staat hier allmählich zum Hauptbauherrn wurde und die Hauptlast der Wohnungsversorgung
von den Betrieben und Organisationen übernehmen konnte. Die damit einherge-
hende Zentralisierung sollte eine bessere Kontrolle sowohl über den Bauprozess
und dessen Kosten als auch über die Wohnungsverteilung erlauben. Damit
konnte sich der Staat von der Notlösung des individuellen Wohnungsbaus zu-
nehmend emanzipieren. Der 1962 erschienene Erlass „Über den individuellen
und kooperativen Wohnungsbau"[95] verkündete den Übergang vom individuellen
zum kooperativen Wohnungsbau und verhängte ein Verbot der Parzellenzuteilung in den Republikhauptstädten. Die Parteiorganisationen, Räte und Betriebe
sollten die Wende unterstützen, indem sie verpflichtet wurden, die Bevölkerung
in Aufklärungsgesprächen für die kooperative Form des Bauens zu gewinnen.[96]
Die Entscheidung über die Parzellenzuteilung in Städten mit über 100.000 Einwohnern sollten die lokalen Ministerräte treffen. In der RSFSR wurde 1963 die
Parzellenverteilung in solchen Städten untersagt.[97] Das individuelle Bauen blieb
damit den kleineren Städten und Siedlungen vorbehalten, wo sich der Aufbau
einer speziellen Bauindustrie nicht lohnte. Der unionsweite durchschnittliche
Anteil des individuellen Sektors am Neubau sinkt in den darauffolgenden Jahren
von 24% oder 14 Mio. m^2 im Jahr 1960 bis 8% (6 Mio. m^2) im Jahr 1980.[98] Das Beispiel der Usbekischen Republik, über den in den nächsten Kapiteln ausführlicher
berichtet wird, macht jedoch deutlich, dass der Prozess nicht einheitlich war.

Sowohl Smith als auch Andrusz verbinden die Wende im Wohnungsbau mit
der persönlichen Einstellung Khrushchevs. Sie nehmen an, dass er seine Über-
zeugung durchsetzen wollte, den Übergang von Sozialismus zu Kommunismus
voranzubringen, indem der Wohnraum in den Städten den sozialistisch-kommu-
nistischen Idealen angepasst wurde.[99] So bezeichnet Smith den Abriss individueller Häuser im Zuge des Wachsens von mikroraions als „[...] an ideological at-
tack on personal property as a legal category and the individual urban house as
the symbol of a backward-looking way of life."[100] Den Wechsel in der Politik gegenüber dem Eigenheim allein in ideologischen Beweggründen Khrushchevs zu

---

95 Erlass des ZK der KPdSU vom 01.06.1962.
96 Diese Wohnungsbauform kann man als Aktivität von staatlich initiierten Baugenossenschaf-
ten verstehen, bei denen die bei der Bevölkerung vorhandenen Mittel und Ersparnisse nicht
mehr für Eigenheime, sondern für den Bau von mehrgeschossigen Wohnhäusern benutzt werden sollten.
97 Erlass des Ministerrates der RSFSR vom 03.09.1963.
98 Andrusz 1984, S. 21, Tabelle 1.4.
99 Andrusz 1984, S. 100–101.
100 Smith 2010, S. 162.

sehen, greift jedoch zu kurz. Dies kann nur ein Teilaspekt der Entscheidungen des Politbüros gewesen sein. Eine Mitschrift der Sitzung des Präsidiums vom 17.06.1961, bei der die Wohnungsfrage diskutiert wurde, zeigt ein etwas anderes Bild.[101] Aus ihr wird deutlich, dass das Hauptinteresse Khrushchevs in der Maximierung und Optimierung des Wohnungsbaus lag. Seine Kritik am individuellen Wohnungsbau richtet sich vor allem gegen die hohen Kosten für die Bereitstellung von Infrastruktur; die Idee des individuellen Hausbaus und die Tatsache, dass Menschen sich auf eigene Kosten solchen Wohnraum errichteten, fand bei ihm angesichts des Wohnungsmangels sogar Verständnis. Khrushchev zufolge würde eine staatliche finanzielle Förderung jedoch dem Geist des industriellen Wohnungsbauprogramms widersprechen; Ideologie im Sinne der kommunistischen Kollektivierung spielte, zumindest nach Ausweis dieses Dokuments, keine Rolle. Es waren aber der Massenwohnungsbau und die groß angelegte und imaginierte Technologie, die in den Rang einer Ideologie gehoben wurden.[102]

Insgesamt setzten sich die Gründe für die Abkehr von der intensiven Förderung des individuellen Hausbaus unter Khrushchev aus unterschiedlichen Erwägungen zusammen. Die Frage der Kosten, Praktikabilität und Infrastruktur sowie Einwände von Seiten der Stadtplaner dürften gleichermaßen eine Rolle bei den entsprechenden Entscheidungen gespielt haben. Die letztlich gefundenen Lösungen dieser Frage konnten sich von Ort zu Ort erheblich unterscheiden, wie ich am Beispiel von Samarkand zeigen werde.

---

101 Fursenko (Hg.) 2015, S. 536.
102 Josephson 1995, S. 520.

3 Samarkand zwischen Planungsvisionen und Realität

Stadtplanung im sowjetischen Samarkand

Zu Beginn des 20. Jahrhunderts bestand Samarkand aus zwei voneinander deutlich zu trennenden Hälften – dem historisch gewachsenen Teil, der sogenannten Altstadt, die in der Forschung auch als „timuridische" oder „islamische" Stadt bezeichnet wird, und der seit der russländischen Eroberung in den 1870er-Jahren angelegten Erweiterung nach Südwesten (Abb. 2).[103] Dem engmaschigen Netz der gewundenen Gassen und traditionellen Hofhäuser aus ungebranntem Lehm wurde eine klare kreis-radiale Struktur gegenübergestellt. Die radialen Straßen laufen auf die Stelle der ehemaligen Zitadelle zu – diese beiden Teile sind sowohl auf den historischen Plänen als auch auf heutigen Satellitenbildern gut erkennbar. In dieser Kernstruktur manifestiert sich der Dualismus der Stadt, der diese bis heute prägt.

Nach der Oktoberrevolution und der Gründung der Usbekischen SSR hatte Samarkand in den Jahren 1925–1930 den Hauptstadtstatus und erlebte Industrialisierung und Bevölkerungszuwachs[104] sowie die Gründung diverser Bildungseinrichtungen.[105] Doch bereits 1930 übernahm Taschkent den Hauptstadttitel und wurde damit zum Hauptschauplatz für städtebauliche Modernisierungsvorhaben in der Usbekischen SSR sowie zum Entscheidungs- und Kompetenzzentrum, von dem aus über die Gestaltung aller anderen Städte der Republik bestimmt wurde.[106]

---

103 Für eine ausführliche Betrachtung der Bauprozesse in Samarkand nach der Eroberung und bis zu Revolution siehe Nil'sen 1988, S. 93–108.

104 Muminov 1970, S. 103. Die Bevölkerungszahl stieg sprunghaft von 71.000 im Jahre 1923 auf 105.000 im Jahre 1926 an. Als eine der ersten Fabriken wurde 1927 die Seidenspinnerei *Hujum* eröffnet; unter dem gleichen Namen wie die staatsinitiierte Entschleierungskampagne sollte die Spinnerei symbolisch für die Emanzipation der usbekischen Frauen stehen und zum Flaggschiff der Samarkander Arbeiterklasse werden (Buttino 2015, S. 305–306).

105 Muminov 1970. S. 144–147. Neben diversen Kursen für Alphabetisierung und politische Bildung wurde 1927 die Pädagogische Hochschule gegründet, 1930 das Medizinische und das Landwirtschaftliche Institut.

106 Stronski 2010, S. 31.

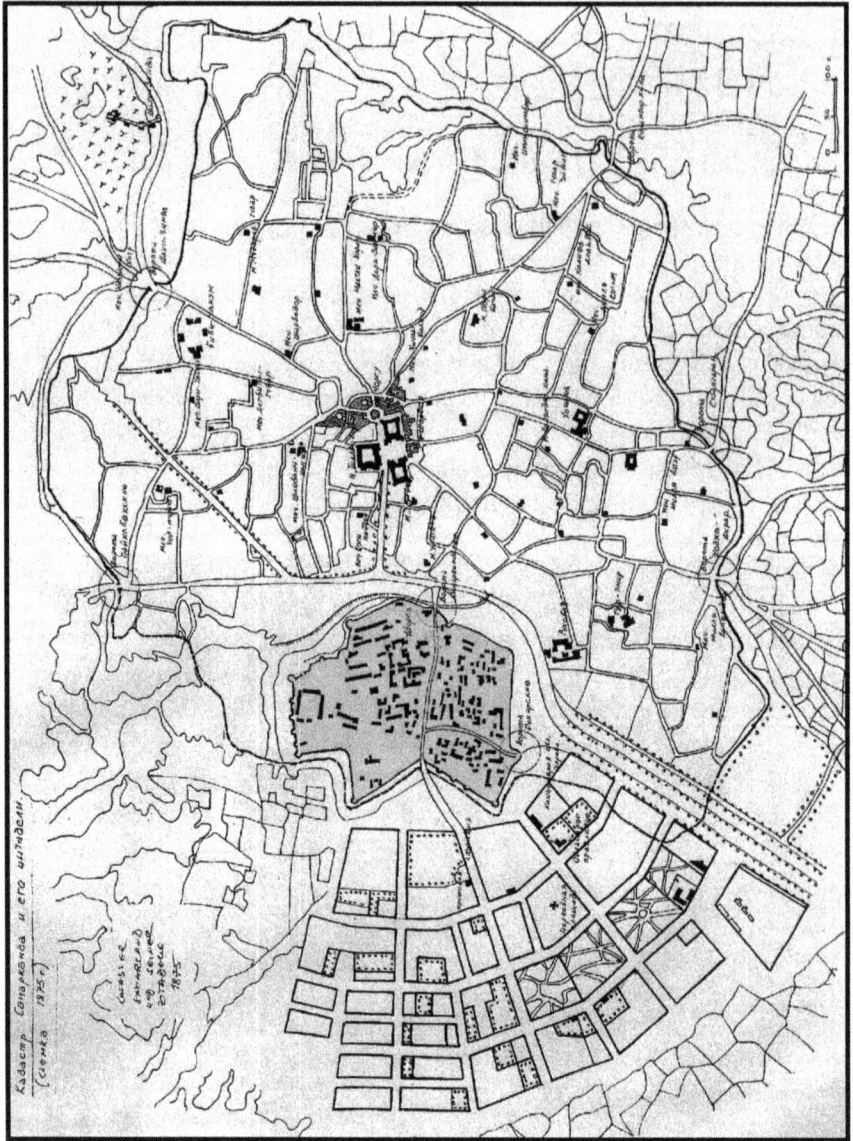

Abb. 2: Katasterbild von Samarkand 1875 mit historischer Altstadt, Zitadelle und bereits angelegter Kolonialstadt. Quelle: Akademie der Künste Taschkent 2004: Gangler et al. 2006, S. 207.

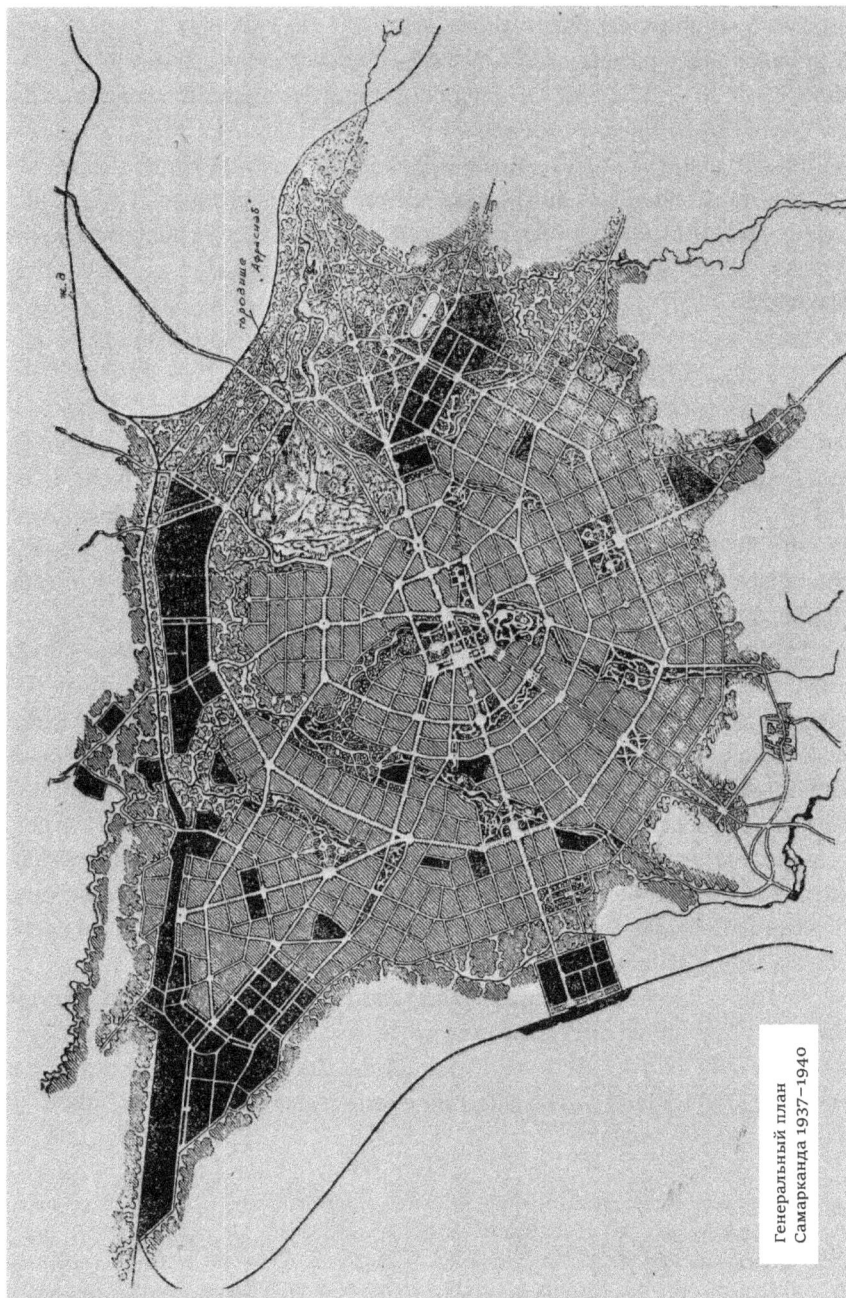

Генеральный план
Самарканда 1937–1940

Abb. 3: Generalplan Samarkand 1937–1940. Quelle: Akademie der Künste Taschkent 2004: Gangler et al. 2006, S. 210.

Das Instrument der Stadtplanung waren die Generalpläne, komplexe Entwürfe mit ganzheitlichem Anspruch für die städtische Entwicklung. Für Samarkand wurde so ein Plan 1937–38 unter der Leitung des Architekten Mitkhat Bulatov[107] entwickelt. Dabei wurde die vorhandene Struktur der Kolonialstadt als Grundlage genommen und zu einem vollständigen Kreis mit einem gleichmäßigen konzentrisch-radialen Straßennetz mit ebenfalls gleichmäßigen Quartalblöcken ergänzt (Abb. 3). Der Plan war auf eine Gültigkeitsdauer von fünfzehn bis zwanzig Jahren ausgelegt, mit 136.000 Menschen als Zielgröße für die Bevölkerungszahl.

Seine Hauptidee bestand darin, die Zweiteilung von Samarkand in die alte und neue Stadt zu überwinden und ein gemeinsames Zentrum zu schaffen.[108] Bis auf wenige historische Architekturdenkmäler hätte die Altstadt in dem planmäßig angelegten Raster verschwinden sollen: Die existierenden Straßen sollten erweitert und begradigt werden und an die Stelle von „engen und staubigen Gassen [sollten] grüne Boulevards" treten.[109] Großzügig angelegte Parks und Erholungsgebiete, die das natürliche Stadtrelief in sich integrieren würden, sollten die Landschaft ebenfalls prägen; im Norden bzw. Nordwesten sowie im Südosten wurden Industriegebiete geplant.

In seiner Radikalität und Rücksichtslosigkeit gegenüber vorhandenen Strukturen, insbesondere denen der historischen Altstadt, ist der Plan ein gutes Beispiel für die zeitgenössischen stadtplanerischen Vorstellungen, nämlich das kreis-radiale Planungsprinzip nach dem Vorbild des Moskauer Generalplans[110] und das Ideal der Stadt als Gesamtensemble, dessen Struktur durchgeplant und Bevölkerungszahl festgelegt werden kann. Es ist nicht ganz klar, wie viel von dem Plan umgesetzt werden konnte, zumal der baldige Ausbruch des Zweiten Weltkriegs ganz andere Aufgaben und Finanzierungsprioritäten in den Vordergrund rückte. Die Rolle, die Samarkand und Zentralasien dabei einnahmen, haben die Entwicklung der Stadt in ganz eigene Bahnen gelenkt.

Im Laufe des Krieges und in den Jahren danach erlebte die Stadt tiefgreifende Veränderungen durch die Verlagerung großer Industriebetriebe und ihrer Mitarbeiter aus dem Nordwesten, die Evakuierung der Menschen aus den Kriegsgebieten sowie Deportation ganzer Volksgruppen wie Tschetschenen und Krimtataren

---

107 Bulatov war lange Jahre als Stadtplaner und Architekt in Taschkent und in der gesamten Republik tätig (Stronski 2010, S. 61 ff. sowie S. 338 Indexeintrag).
108 Gangler et al. 2006, S. 210. Das gleiche Ziel verfolgten auch unterschiedliche Generalpläne in Taschkent, die ebenfalls das Auflösen des Dualismus der alten „muslimischen" und der neuen „europäischen" Stadt zum Ziel hatten. Vgl. dazu Gangler et al. S. 14.
109 Muminov 1970, S. 185.
110 Bohn 2008, S. 5; Gangler et al. 2006, S. 14.

Abb. 4: Detailplan Samarkand für die heutige Gagarina-Straße, um 1960. Babakhanov 1960, S. 9.

nach Zentralasien, deren Angehörige unter anderem auch in Samarkand landeten. Die evakuierten Betriebe mussten schnell wiederaufgebaut werden und wurden häufig an erstbesten Stellen platziert – dort, wo bereits die nötige Infrastruktur existierte, und ohne Rücksicht auf vorhandene Pläne. Die rapide angestiegene Bevölkerungszahl, Mangel an Wohnraum und das Fehlen von Mitteln, um die Probleme zu lösen, ließen die Wohnsituation und die sanitäre Versorgung in der Stadt lange Zeit dramatisch bleiben.[111]

Ein Jahrzehnt nach Ende des Krieges, zwischen 1954 und 1956, wurde erneut eine Gruppe von Architekten mit der Ausarbeitung bzw. Aktualisierung des alten Generalplans beauftragt. In einer rückblickenden Betrachtung in der Zeitschrift *Stroitel'stvo i Arkhitektura Uzbekistana* im Jahr 1972 reflektieren die Autoren des Projekts, Tatyana Kalinovskaya und Aleksandr Aleksandrovich, der Plan habe zwar „viele der alten Fehler wiederholt, dabei jedoch der bereits bestehenden Bebauungsstruktur mehr Beachtung geschenkt".[112] Eine im internen Bericht aus 1962 enthaltene Beschreibung vermittelt ebenfalls den Eindruck, dass viele Ideen und vor allem der Geist des alten Plans, obwohl in weniger radikaler Ausprägung, in der aktualisierten Fassung überlebt haben.[113] Erkennbar wird dies zum Beispiel am fortdauernden Bestreben, den Dualismus und die Trennung zwischen der Alt- und der neueren Kolonialstadt zu überwinden. Als Nexuspunkt und neues Stadtzentrum wurde hierfür erneut der Platz an der Stelle der ehemaligen Zitadelle gewählt. Das Gelände, wo die von der zaristischen Verwaltung angelegten radialen Straßen zusammenlaufen, wurde für ein weitläufiges Ensemble aus Hotel, Verwaltungs-, Kultur- und Wohnhäusern bestimmt, das in den 1970ern auch tatsächlich gebaut wurde. Die radialen Straßen aus dem 19. Jahrhundert bildeten nach wie vor die Grundlage für die Komposition des Straßennetzes; außerdem ist in dem Dokument die Rede von mehreren kreisförmigen Umfahrungsstraßen, die zum Teil noch wie Schneisen „durchgeschlagen" werden sollten. Auch das Vorhaben, Industriezonen im Nordwesten und Osten der Stadt zu schaffen, war aus dem Plan von 1938 beibehalten worden. Der Prozess ist so zu verstehen, dass der Generalplan die Bezirke und Quartalblöcke unterteilte und ihre künftige „Füllung" vorgab, also zum Beispiel festlegte, ob es Viertel mit einstöckigen individuellen oder mit mehrstöckigen Wohnhäusern sein

---

111 Muminov S. 410. Laut Mumiov hatten im Jahr 1959 lediglich 1,4% des gesamten Wohnungsbestandes Wasserleitungen; zum Jahr 1969 war diese Zahl auf 30% gestiegen, was dennoch sehr wenig ist, wenn man bedenkt, dass den Großteil von diesem Anstieg die Geschosswohnungen ausgemacht haben müssen.

112 Kalinovskaya / Aleksandrovich 1972, S. 34.

113 SamOGA, f. 26, op. 1, d.2465, l. 23–29

sollten; für die konkrete Ausgestaltung sorgte dann ein sogenanntes *proekt detal'noi planirovki* „Projekt eines Detailplans" wie etwa Abb. 4.

Doch bereits ein Jahr nach Fertigstellung des 1954/56er Plans startete das Wohnungsbauprogramm von Khrushchev, das ganz neue Dynamiken in die Bauprozesse auch der Stadt Samarkand brachte. Unter dem Druck der Planvorgaben für neuen Wohnraum mussten große Territorien für die neuen Bezirke, die *mikroraions*, erschlossen und Parzellen für individuelle Bebauung zugeteilt sowie entsprechende Industrie und Infrastruktur aufgebaut werden. Wie hier noch später gezeigt wird, verliefen diese Prozesse nicht immer nach Plan, denn bereits zu Anfang der 1960er-Jahre berichten die Akten der Architekturbehörde, dass die Umsetzung vieler Vorhaben des Plans durch Verstöße unmöglich gemacht worden war und eine Korrektur erforderlich wurde.[114] Eine ähnliche Situation herrschte auch in fast allen anderen Städten der Republik: „Die Generalpläne veralten, noch bevor sie geboren werden", beklagte Architektin Bulycheva, die ebenfalls an der Ausarbeitung des Plans für Samarkand mitwirkte, auf einer Tagung im Jahr 1963.[115]

Kalinovskaya und Alexandrovich formulieren es in einer milderen Form, indem es bei ihnen heißt, dass „die Entwicklung der Stadt zum Jahr 1967 alle Annahmen aus dem Jahr 1956 überholt" habe, darunter die Bevölkerungszahl, nunmehr 270.000 Personen statt der geplanten 200.000, sowie das Territorium, das zu dem Zeitpunkt bereits die Grenzen erreicht hatte, die eigentlich erst für 1990 anvisiert waren. Aus diesem Grund wurde 1967–68 am zentralen Planungsinstitut in Taschkent (UzGosProekt) ein neuer Generalplan ausgearbeitet und die „technisch-ökonomischen Grundlagen" für die Stadtentwicklung wurden definiert, zum Teil vom selben Architektenkollektiv.[116]

Der nunmehr dritte Generalpan wurde gleich auf eine Bevölkerungszahl von 500.000 Menschen ausgelegt, und die geplante Baufläche wurde verdoppelt. Die gewachsene radiale Straßenstruktur sollte nach außen hin in eine rechteckige übergehen, in ein Raster aus Magistralen und neuen modernen Wohngebieten, die vor allem in südwestlicher Richtung – bis zum Dargom-Kanal[117] – gebaut werden sollten (Bild 5c). Parks und grüne Boulevards sollten das Verwaltungszentrum und die alte Innenstadt von den Umfahrungsmagistralen abtrennen. Ein Großteil dieser Pläne sollte erneut nur auf dem Papier bleiben oder in stark abge-

---

114 SamOGA, f. 1617, op. 1, d. 63, l. 37.
115 TsGARUz, f. 2532, op. 1, d. 279, l. 34.
116 Kalinovskaya, Aleksandrovich 1972, S. 34.
117 Für einen Überblick über die Geschichte des Kanals und des Bewässerungssystems in der Samarkander Oase siehe Mantelini 2015.

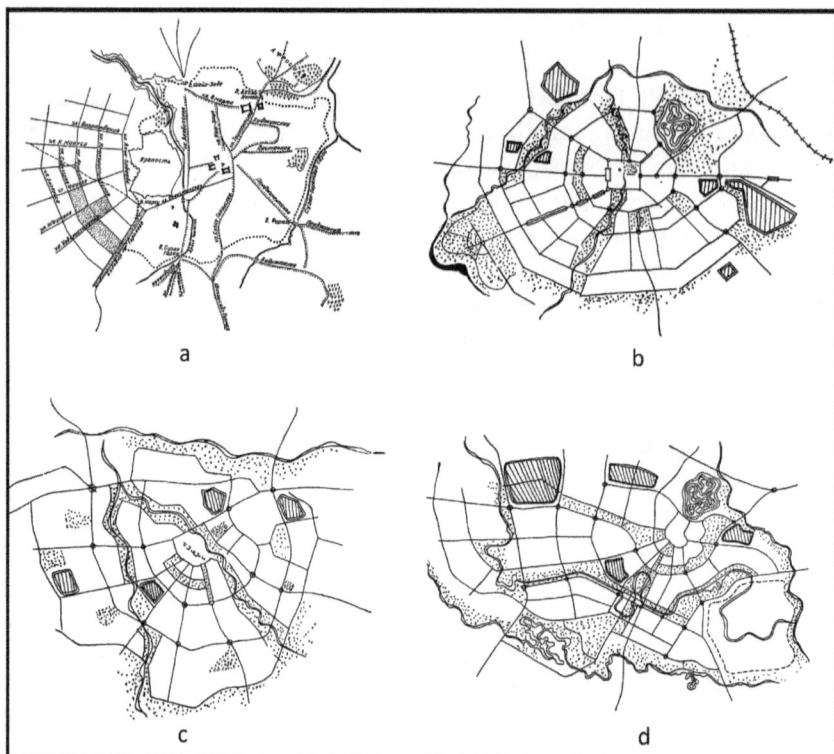

Abb. 5: Planungsstadien Samarkand. a – Samarkand Ende 19. Jh.; b – Generalplan 1937–1940; c – Generalplan 1956; d – Generalplan 1967. Kalinovskaya, Aleksandrovich 1972, S. 33–35.

wandelter Form, und manchmal erst Jahrzehnte später, umgesetzt werden.[118] Neu in dieser Version ist jedoch der Anspruch, die bestehenden Strukturen, vor allem die der Altstadt, zu berücksichtigen. Laut Plan sollte diese weitgehend von Verkehr und intensiven Bauaktivitäten befreit werden, die vorhandene Struktur der Straßen sowie der lokale Typ der Bebauung mit ein- und zweistöckigen Häusern sollte erhalten bleiben.

Diesen Überlegungen ging eine Fachdiskussion über Rekonstruktion und Umbau der historischen Städte Usbekistans voraus, welche ihrerseits Teil der

---

118 Die zugängliche Information über die Generalpläne beschränkt sich meist auf allgemeine Beschreibungen, während Dokumente mit detaillierteren Plänen der Geheimhaltung unterliegen. Das macht es schwierig, die genauen Zeitpunkte von Veränderungen zu rekonstruieren. Dank der Funktion „Historische Bilder" in Google Earth ist es möglich, Veränderungen im Stadtbild seit 1984 (grob) bzw. 2004 (genau) nachzuverfolgen. So wurden zum Beispiel einige Umfahrungsstraßen erst 2017 „durchgeschlagen".

größeren internationalen wie sowjetischen Debatten über das kulturelle Erbe und dessen Erhalt war.[119] Gleichzeitig dürfte die Entdeckung des Tourismus als wichtige wirtschaftliche und propagandistische Ressource eine Rolle gespielt haben – ab Mitte der 1960er-Jahre kann dies auf den Seiten der Zeitschrift *Stroitel'stvo i arkhitektura Uzbekistana* nachverfolgt werden.[120] Die Diskussion, so scheint es, entwickelte sich vor allem zwischen zwei Lagern bzw. fachlichen Bereichen – auf der einen Seite standen die Architekten und Kunsthistoriker, die sich für den Erhalt und eine größere Wertschätzung der lokalen Bauformen und Traditionen und damit auch für die Schonung der historischen Stadtstrukturen einsetzten, auf der anderen die Stadtplaner und Ökonomen mit einer Modernisierungsagenda und dem Anspruch, eine Stadt zu gestalten, deren Infrastruktur und Stadtbild den geltenden Maßstäben einer nicht näher definierten Modernität entsprechen sollten. Die insgesamt zu geringe Dichte der Bevölkerung und die Dominanz der ein- bis zweistöckigen Bebauung in den Altstädten Usbekistans sowie in den neueren Bezirken vieler Städte wurde als problematisch für die perspektivische Entwicklung der Städte gesehen.[121] Dazu kam das schnelle und zum Teil schlecht kontrollierbare Wachstum der Stadtgebiete, das im Falle der usbekischen Oasenstädte wertvolle landwirtschaftliche Flächen verschwinden ließ und die infrastrukturelle Versorgung in den Städten verteuerte, weswegen viele Architekten mehr Abriss und Verdichtung in den Innenstädten anstelle von Expansion in die Fläche forderten.

Zurück zu der Beschreibung des Generalplans von Samarkand wird deutlich, dass sich in diesem Fall die Erkenntnis oder besser die Einsicht durchgesetzt hatte, dass Architekturdenkmäler nicht losgelöst von den historisch gewachsenen Strukturen der Altstädte mit traditionellen Hofhäusern, Straßen und kleineren Quartalsmoscheen betrachtet werden können und dass diese Elemente ebenso wertvolle Bestandteile des architektonischen und historischen Erbes sind. Gleichzeitig aber wurde ihnen nur eine sekundäre Rolle, nämlich die der Kulisse für eine vorteilhafte Inszenierung der „Hauptdenkmäler", zugeteilt. Die

---

119 Zur Entwicklung der internationalen Kooperation im Bereich von Denkmalschutz und Kulturerbe in der UdSSR siehe Geering 2019, zu den Prozessen im sowjetischen Usbekistan siehe Demchenko 2011.

120 Für die Diskussion um den Erhalt und Rekonstruktion in der Zeitschrift *Stroitel'stvo i arkhitektura Uzbekistana* siehe z.B.: Kryukov / Notkin 1966; Gordeeva 1969; Alexandrovich / Kalinovskaya 1968; Kalinovskaya / Alexandrovich 1972; Notkin / Gordeeva, 1972; Pugachenkova 1973.

121 Gordeeva 1969, S. 24. Der Anteil der ein- bis zweistöckigen Bebauung in den Städten der UzSSR betrug in den 1970er-Jahren 65 bis 90%.

eigentliche Bausubstanz – mit Mauern aus in der Regel ungebrannten Lehmziegeln oder nach *chūbkori*-Technik[122] – wurde als primitiv, marode und nicht mehr
den modernen Standards für Hygiene entsprechend bezeichnet. Den Vorstellungen der Stadtplaner zufolge sollten die alten Wohnhäuser zerstört und an ihrer
Stelle neue Gebäude errichtet werden, welche aber mit ihren Fassaden die als
traditionell deklarierten Formen nachahmen würden.[123]

Konkrete Ideen und Empfehlungen für den Umbau der Altstadt sollten ein
Wettbewerb (1970) und ein Forschungsprojekt des Taschkenter Instituts für experimentelle Planung (1972) erbringen.[124] Die Ergebnisse waren – symptomatisch
– erst ein paar Jahre nach dem Generalplan fertig, obwohl die andere Reihenfolge
wohl logischer gewesen wäre; außerdem hatten die Empfehlungen keine bin-
dende Wirkung. In der Studie wurde eine Klassifikation der einzelnen Altstadt-
viertel aufgestellt mit dazugehörigen Moscheen und einzelnen Wohnhäusern,
die als erhaltenswert eingestuft wurden. Die gesamte Altstadt sollte demnach in
unterschiedliche Bereiche aufgeteilt werden: in ein architektonisches „Schutzge-
biet" (*zapovednik*) mit touristischer Zone, wo nur archäologische oder restaura-
torische Eingriffe erlaubt sein würden, und eine Zone freieren Bauens mit neuen
und modernen Häusern.

Bezeichnend und charakteristisch für diese Pläne ist die völlige Abwesenheit von
Menschen und ihren Bedürfnissen und Interessen – das Fehlen der eigentlichen
Bewohner der Stadt also. Sie scheinen nicht existent zu sein, obwohl die moder-
nen Standards implizit der Verbesserung genau ihres Lebens dienen sollten.
Doch die Idee von Stadt als sozialem Lebensraum scheint für die sowjetischen
Stadtplaner kaum eine Rolle gespielt zu haben; ja nicht einmal eine so grundle-
gende und technische Frage wie die der Umsiedlung, die unweigerlich mit den
Modernisierungsmaßnahmen einhergehen würde, findet in den Diskussionen
zur Umgestaltung von Samarkand Erwähnung. Menschen scheinen willenlose
Objekte zu sein, die wie Figuren auf einem Spielbrett beliebig verschoben werden
können.

Die einzige Architektin (zumindest auf den Seiten der Zeitschrift *Stroitel'stvo
i Arkhitektura Uzbekistana*), die die Bedürfnisse der Einwohner thematisierte, war

---

122 Eine Technik, die am ehesten mit dem deutschen Fachwerk verglichen werden kann, bei
der ein Holzgerüst mit Lehmziegeln ausgefüllt wird.
123 Kryukov / Notkin 1966, S. 28–29.
124 Für die Ergebnisse des Architekturwettbewerbs siehe Shakirov 1971; die Studie wurde vom
Taschkenter Institut für experimentelle Planung TashZNIIEP (Tashkentskij Zonal'nyi Nauchno-
Issledovatel'skij Institut Eksperimental'nogo Proektirovaniya) durchgeführt. Siehe dazu: Grinevich et al. 1972.

Zlata Chebotareva. Bei der Vorstellung des Experimentalprojekts „Mahalla" („Stadtviertel") zur Umgestaltung der Taschkenter Altstadt plädierte sie 1968 für einen Umbau des Viertels in Phasen, sodass die ursprünglichen Bewohner innerhalb des Viertels umgesiedelt werden könnten, da diese ihre „nachbarschaftliche Kontakte schätzen" und „nicht zu Migration neigen" würden.[125] In diesem Vorhaben präsentierte Chebotareva Ideen für standardisierte ein- bis zweistöckige Bebauung, die jeder Familie ein Haus mit einem kleinem Hof ermöglichen würde, wo aber durch kompakte Anordnung die gleiche Bevölkerungsdichte wie bei den mehrstöckigen Häusern erreicht werden könnte. Das Projekt sowie die Empfehlungen wurden jedoch aus verschiedensten Gründen nicht umgesetzt. Das Beispiel macht deutlich, dass, obwohl Architekten und Planern offenbar die Bedürfnisse von Menschen durchaus bekannt waren,[126] diese entweder keinen großen Stellenwert hatten oder es an politischem und ideologischem Willen fehlte, die Produktionsketten der großen Baukombinate entsprechend umzustellen.

Die Nichtbeachtung der Interessen der Bürger war nur eines der Merkmale des sowjetischen städtebaulichen Denkens. Dieses hatte ganz eigene Logiken, welche die Prozesse und, als Konsequenz, die gebaute Substanz in zahlreichen sowjetischen Städten prägten. So hatte z.B. ein Generalplan (*Genplan*) als Instrument der Stadtgestaltung eine Doppelrolle: Er war einerseits eine Vision im genuin modernistischen Sinne, die Stadt in Einklang mit geltenden wissenschaftlichen Vorstellungen von Städtebau zu bringen. Damit einher ging der Anspruch, den gegebenen Zustand, den man unbefriedigend fand, zu überwinden – ein herbeigewünschter Qualitätssprung, ein Griff nach dem Utopischen gewissermaßen. Andererseits sollte so ein *Genplan* eine konkrete Planungsgrundlage für alle Bauvorhaben in der Stadt sein. Die idealisierten Pläne waren meist auf eine entfernte Zukunft ausgerichtet, es fehlten aber häufig Vorstellungen über die Schrittfolge der Umsetzung – was man heute als „Roadmap" bezeichnen würde; erschwert wurde die Situation durch den Mangel an Ressourcen und ihre ungleiche Verteilung. Diese Beobachtung formuliert Yulia Kosenkova, die mehrere andere Prob-

---

125 Chebotareva 1968, S. 11.

126 In der zweiten Hälfte der 1960er und bis Anfang/Mitte der 70er, parallel zur Diskussion um den Denkmalschutz, finden sich auf den Seiten der Zeitschrift *Stroitel'stvo i Arkhitektura Uzbekistana* einige Beiträge, die sich mit den Lebensbedingungen in verschiedenen Wohnformen beschäftigen – von traditioneller *mahalla* bis hin zu Neubauten in *mikroraions* (Kontorer 1971), und auch mit klimabedingten Anforderungen an die Neubauten (Sukhanov 1972). Darüber hinaus wurden auch demografische Strukturen untersucht und mit dem neu gebauten staatlichen Wohnraum abgeglichen (Rusanova 1968).

lemstellen des städtebaulichen Denkens in der Sowjetunion in 13 Hypothesen zusammenfasst.[127] Sie beobachtet weiter zum Beispiel, dass Stadtplaner in der Regel nur über fragmentarisches Wissen zu den Veränderungen in den Städten verfügten und wenig Methoden zu deren Beobachtung hatten. Auf der Suche nach einem universell „richtigen" Stadtmodell wurde die Stadt – so Kosenkova – als ein „konfliktloses Objekt betrachtet, das sich einem einzigen Projektwillen unterordnet, während inhärente und willkürliche Mechanismen der Wandelbarkeit nicht beachtet wurden".[128]

Eine sehr konkrete Gestalt nahmen Pläne und Bauvorhaben im Vorfeld von runden Daten oder Jubiläen an, so zum Beispiel zum 2500-Jahr-Jubiläum von Samarkand, das 1970 gefeiert wurde. Unter dem Druck, die Stadt aufzuräumen und aufzuhübschen, wurden zusätzliche Mittel freigegeben und Kräfte mobilisiert. Die umfangreichen und sehr detailliert aufgelisteten Anweisungen zu Bau und Renovierung, die gefühlt alle kommunal- wie wohnwirtschaftlichen Bereiche der Stadt betreffen, vor allem aber repräsentative Objekte wie Museen, Theater, Restaurants und auch die Straßeninfrastruktur, zeugen von der Bedeutung solcher Anlässe auf der symbolisch-politischen wie auch der praktischen Ebene für die Gestaltung – nicht nur von Samarkand, sondern das gleiche gilt für andere Städte Usbekistans.[129]

Der letzte noch zur Sowjetzeit entworfene Generalplan wurde in den Jahren 1975–1981 ausgearbeitet. In Wirklichkeit scheint er eine Aktualisierung des vorherigen Plans gewesen zu sein mit dem Unterschied, dass die geplante Einwohnerzahl auf 750.000 Einwohner bis 2010 angehoben wurde. Der Plan sah eine Erweiterung nach Süden vor in Verlängerung der Achse des Universitätsboulevards.[130] Dort wurde ein Wohngebiet für 100.000 Einwohner mit begleitender Infrastruktur und Naherholungsgebieten geplant. Wichtig war zudem der Ausbau der Umfahrungsstraßen mit dem Ziel, den historischen Stadtkern vom Verkehr zu entlasten. Auch diese ambitionierten Vorhaben blieben auf dem Papier: Die wirtschaftliche Krise in der UdSSR, die Kürzung der öffentlichen Ausgaben, die Perestroika und letztlich der Zerfall der UdSSR haben die Umsetzung unmöglich gemacht.[131]

---

127 Kosenkova 'Gradostroitel'noe myshlenie'. http://www.alyoshin.ru/Files/publika/kosenkova/kosenkova_mish.html (letzter Zugriff: 07.02.2020).
128 Kosenkova, 'Gradostroitel'noe myshlenie'.
129 SamOGA, f. 1617, op. 1, d. 233, l. 87–121 sowie SamOGA f. 26, op. 1, d. 3069, l. 3–12.
130 AKTC 1996, S. 22.
131 Gangler et al. 2006, S. 212.

Die verschiedenen Etappen in der Stadtplanung zeugen davon, dass es durchaus ernsthafte Ambitionen gab, Samarkand im Einklang mit den zum jeweiligen Zeitpunkt geltenden Vorstellungen von einer modernen sowjetischen Stadt zu bringen. Doch waren die Pläne und ihre Verfasser mit vielen Herausforderungen und Hindernissen konfrontiert, welche die Realisierung erschwerten oder gar unmöglich machten. Die geringen infrastrukturellen wie finanziellen Möglichkeiten der Stadt, die existierende Wohnungsnot sowie Bürger und Bürgerinnen, die ihre Wohnsituation selbst zu lösen versuchten – all das schuf Eigendynamiken, die von den steifen Plänen nur wenig berücksichtigt wurden. Nach der Perspektive vom Reißbrett aus versetze ich nun den Fokus auf die reelle Lage der Stadt.

Die Wohnsituation im Samarkand der 1950er- und 60er-Jahre

Bevölkerungszahlen und Wohnraummangel

Die Wohnungsnot, unter der die Sowjetbürger Jahrzehnte nach dem Krieg litten, herrschte sowohl in den durch Kämpfe zerstörten Gegenden als auch im Hinterland, das als Evakuierungsgebiet Millionen von Menschen beherbergen musste. Auch Samarkand war in dieser Hinsicht mit betroffen.

Als erster Ansatzpunkt für ein Verständnis der Wohn- und Bevölkerungssituation können diverse statistische Daten aus Volks- und Wohnraumbestandszählungen dienen. Es ist jedoch nicht ganz einfach, genaue Bevölkerungszahlen für Samarkand zu bekommen, weil die zu findenden Angaben nicht konsistent bzw. nicht vollständig sind und deutliche Unstimmigkeiten zwischen den Quellen auffallen: So variieren die Angaben für das Jahr 1939 von 134.000 bis 191.000 Einwohnern.[132] Zu den Evakuierten, die in den Kriegsjahren in die *oblast'* von Samarkand aufgenommen wurden, existiert eine Zahl von 165.000.[133] Ein Bericht über den Wohnraumbestand aus dem Jahr 1960 schätzt die Einwohnerzahl auf

---

132 Bei Muminov finden wir die Zahl 151.000 im Jahre 1937 (Muminov 1970, S. 190); die Zahl 134.000 stammt von Sulkevich 1940, S. 50. Die Volkszählung 1939 ergab 136.283, wurden aber von Zhiromskaya (1992) angefochten, indem sie die bewusste Verfälschung der Daten „nach oben" beschreibt und analysiert. Ein weiterer Grund für die Zahl 191.000 kann darin liegen, dass die städtische Bevölkerung des gesamten Gebiets (*oblast'*) gezählt wurde, zu dem neben Samarkand offenbar noch zwei weitere Städte zählten, die in den Abschlusstabellen gleichwohl nicht ausgewiesen werden.
133 Muminov 1970, S. 232.

zwischen 200.000 und 225.000 Menschen.[134] Die offiziellen Angaben der Volkszählungen der Jahre 1959 und 1970 berichten von 202.497 bzw. 275.990 Stadtbe-
wohnern.[135] Selbst wenn die Zahlen nicht sicher sind, so wird immerhin deutlich,
dass ein Bevölkerungszuwachs von 60–80.000 Menschen pro Jahrzehnt zu ver-
zeichnen war, was eine enorme Herausforderung für die Stadt dargestellt haben
muss.

Die unionsweite Erhebung des Wohnraumbestandes von 1960 zeugt davon,
dass viele Bewohner von Samarkand sich in ziemlich beengter Wohnsituation befanden: Die durchschnittliche Wohnfläche pro Person im Jahre 1950 hatte 5,6
Quadratmeter betragen, welche sich in den folgenden zehn Jahren sogar noch auf
5,0 Quadratmeter verschlechtert hatte.[136] In individuellen Häusern war der durchschnittliche verfügbare Raum mit lediglich 4,8 Quadratmetern pro Person sogar
noch geringer.

Bezeichnend ist auch, dass in diesen Berichten fast nie von einem „Haus"
(*dom*) die Rede ist, sondern von „Bauten" oder „Wohnbauten" (*stroenie, zhiloe
stroenie*) und „Wohnungen" (*kvartiry*) in diesen Bauten.[137] Laut den erhobenen
Zahlen war die durchschnittliche Größe von so einem Wohnbau im Jahr 1960 38,3
Quadratmeter, während eine Wohnung im Durchschnitt 22,4 Quadratmeter hatte.
Der Vergleich zwischen der durchschnittlichen Größe einer Wohnung und eines
Zimmers (siehe Tabelle) zeigt, dass die meisten dieser Wohnungen offenbar nur
aus einem Zimmer bestanden hatten, während ein Wohnbau im Schnitt aus 1,2
Wohnungen bestand. Die Situation hatte sich dabei im Vergleich zu 1950 nicht
wesentlich verbessert, obwohl die absolute Zahl der Wohnbauten und Wohnun-
gen um 10.000 gestiegen war.

---

134 SamOGA, f. 26, op. 1, d. 1363, l. 3.
135 Eine digitalisierte Sammlung der Volkszählungen in der Sowjetunion kann unter folgender
Web-Adresse abgerufen werden: http://www.demoscope.ru/weekly/ssp/census.php (letzter Zugriff am 16.07.2020).
136 TsGARUz, f. 1619, op. 16, d. 4, l. 25. Die Angabe bezieht sich auf „Wohnfläche" dividiert
durch Bewohnerzahl. Nimmt man stattdessen die „Gesamtfläche" (also einschließlich Küche,
Flur etc., so ergibt sich die Zahl von 6,5 Quadratmeter pro Person – eine Zahl, die „nach oben"
eher weitergegeben werden konnte.
137 Bei der Übersetzung habe ich mich für „Wohnbau" und nicht „Wohngebäude" entschieden,
da dies die Konnotationen des russischen Wortes „stroenie" besser wiedergibt.

Tabelle: Zahlen aus der Wohnraumbestandszählung in Samarkand (1960) in m²:[138]

	Zahl der Wohn- bauten	Wohn- fläche	Gesamte Fläche	Durchschn. Größe eines Wohnbaus	Gesamt- zahl der Wohnun- gen	Durch- schn. Größe einer Woh- nung	Zim- mer insge- samt	Durchschn. Größe eines Zimmers
1950	14.056	420.205	504.387	35,9	19.289	21,8	28.614	21,7
1960	23.599	662.912	905.418	38,3	29.561	22,4	49.098	23,1

Ein Beispiel dafür, wie solche Gebäude ausgesehen haben, kann man zum Teil noch heute in den sogenannten Gemeinschaftshöfen (*obshchij dvor*) auffinden – ein Phänomen, das sich vor allem im russisch-kolonialen Stadtteil von Samarkand herausgebildet hat. Es handelt sich um 80–100 Meter lange Höfe hinter den im 19. Jahrhundert errichteten Vorderhäusern, Höfe, die im Laufe des 20. Jahrhunderts mit Anbauten unterschiedlicher Größe und Massivität gefüllt wurden.[139] Viele meiner Interviewpartner berichteten vom Leben in solchen Höfen, das dem in einer Kommunalwohnung ähnelte, nur eben nicht in einer Etagenwohnung, sondern – mit einer Toilette vom Typus „Plumpsklo" – in einem Gemeinschaftshof.[140]

Archivdokumente des städtischen Ispolkom liefern zahlreiche Zeugnisse der schwierigen Wohnsituation in Form von Bittschriften und Anträgen auf Verbesserung, in denen die Lage sehr anschaulich beschrieben wird. So lässt sich einem Beschluss entnehmen, dass eine Frau mit ihrer fünfköpfigen Familie in einem Haus lebte, das lediglich aus einem Zimmer (14 Quadratmeter) und einer Küche (9 Quadratmeter) bestand.[141] Ein anderer Kläger schildert eine Situation, in der er mit seiner achtköpfigen Familie (einer Frau und sechs Kindern) ein kleines Zimmer bei der Verwandtschaft bewohnt; er bittet daher um eine Parzelle, um sich ein eigenes Haus bauen zu können.[142]

---

138 TsGARUz, f. 1619, op. 16, d. 5, l. 58.
139 Zu der Beschreibung des Phänomens siehe Gangler et al. 2006, S. 220–227, sowie Buttino 2015, S. 69 ff.
140 In den Ausführungen hier beziehe ich mich vor allem auf die Viertel, die nach dem Zweiten Weltkrieg entstanden sind. Über das Leben in der Altstadt aus der Perspektive von unterschiedlichen ethnischen Gruppen berichtet Marco Buttino, 2015, insbesondere Kapitel 3 und 4.
141 SamOGA, f. 26, op. 1, d. 2387, l. 96.
142 SamOGA, f. 26, op. 1, d. 2156, l. 17.

Für die städtischen Behörden selbst war die prekäre Situation ebenfalls kein Geheimnis; in den Berichten und Diskussionsprotokollen finden sich recht nüchterne und kritische Lagebeschreibungen. Eines der eindrucksvollsten Beispiele für die Wohnungsnot lieferte mir bei der Archivrecherche eine Anordnung aus dem Jahr 1954 zu Aufräumarbeiten an den historischen Baudenkmälern am Registan-Platz: In einem der Punkte wird angeordnet, Räume wie z.B. die ehemaligen Lernklausen der Medresen von ihren Bewohnern zu „befreien".[143]

Laut Statistik hatten im Jahr 1960 22.787 Menschen in Samarkand keinen eigenen, d.h. weder im Eigenbesitz befindlichen noch vom Staat zugeteilten, Wohnraum. Interessanterweise waren aber lediglich 12.000 Personen (2814 Familien) auf einer Warteliste für eine Wohnung registriert.[144] Eine direkte Erklärung hierfür geben die Quellen nicht; eine naheliegende Vermutung wäre, dass die restlichen Zehntausend offenbar zu wenig Chancen sahen, ihre Wohnungssituation auf diesem Wege zu verbessern.

Die statistischen Berichte geben auch Auskunft über das Verhältnis zwischen individuellem und vergemeinschaftetem (*obobshchestvlennyi*[145]) Wohnraumbestand. Berechnet an den vorhandenen Zahlen, machte der individuelle Sektor von Samarkand mit 905.418 Quadratmetern 63 Prozent des gesamten Wohnraumbestandes aus. Damit lag Samarkand sogar unter dem Durchschnitt der Republik – im Jahr 1960 waren 66,6 Prozent der Wohnungen in Usbekistan als individuelles Eigentum registriert.[146]

Das unionsweite Wohnungsbauprogramm, das 1957 ansetzte, sollte die Situation entschärfen, sodass mehr Menschen sich selbst eigenen Wohnraum bauen oder welchen vom Staat bekommen konnten. Doch die Kapazitäten reichten nicht aus, um die Wohnungsnot ein für allemal zu beseitigen. Ein Planungsdokument des städtischen Ispolkom aus dem Jahr 1970 zu vorgesehenen Umsiedlungen von Menschen aus baufälligen Wohnungen, Baracken, Halbkeller-Wohnungen und ähnlichem beklagenswerten Wohnraum spricht von über 2000 Personen (676 Familien), die bis 1975 umgesiedelt werden sollten.[147]

143 SamOGA, f. 26, op. 1, d. 1673, l. 35 und f. 1617, op. 1, d. 40, l. 72–74.
144 SamOGA, f. 26, op. 1, d. 2168, l. 170.
145 Die Bezeichnung bezieht sich auf zwei der Besitzformen des Wohnraums, und zwar Wohnraum im Besitz der lokalen Sowjets beziehungsweise der Betriebe und anderer Einrichtungen.
146 TsGARUz, f. 1619, op. 16, d. 4, l. 33–34.
147 SamOGA, f. 1617, op. 1, d. 218, l. 23–24.

Wohn- und Stadtinfrastruktur

Nach dem Zweiten Weltkrieg funktionierte Samarkand noch weitgehend auf Basis der Infrastruktur aus der Vorkriegszeit. Zeitgenössische Berichte der städtischen Behörden vermitteln zusammen mit den Erinnerungen von Zeitzeugen ein recht desolates Bild. Diese Situation war aber nicht singulär oder spezifisch für Samarkand, vielmehr gehörten infrastrukturelle Mängel in zahlreichen Städten der Sowjetunion zu Beginn der 1950er-Jahre zur Normalität.[148] So schlug sich eben auch für Samarkand die allgemeine Ressourcenknappheit der Nachkriegsjahre in der städtischen Wirtschaft nieder.

Maroder und baufälliger kommunaler Wohnraumbestand ist ein häufiges Thema der Berichte der städtischen Wirtschaftskommission und des Stadt-Ispolkom, die sich über die Nichterfüllung der Instandsetzungspläne beklagen.[149] So ist z.b. für das Jahr 1950 die Rede von 120 baufälligen Bauten, bei deren Reparatur nicht nur das Dach, sondern auch Wände und teilweise die Fundamente erneuert werden mussten.[150] Im Jahr 1954 fügten regenreiche Winter- und Frühlingsmonate der ohnehin angeschlagenen Bausubstanz erheblichen Schaden zu: 521 Bauten zählten als baufällig, 71 als komplett zerstört, die Bewohnerschaft wurde „verdichtet" oder in Kellerräumen untergebracht.[151] Das meistverbreitete Baumaterial war Lehm bzw. ungebrannte Lehmziegel, was die Häuser besonders anfällig und reparaturbedürftig machte.

Bei aller Notwendigkeit, die Häuser zu reparieren bzw. wieder bewohnbar zu machen, fehlten den Behörden häufig Arbeitskräfte und Baumaterial. Das Büro für Instandhaltung und Reparatur beklagt jahrein, jahraus immer wieder die schlechte Ausstattung und den Mangel an Baumaterialien; so war z.B. das Fehlen von Bauholz ein Leitmotiv zahlreicher Schreiben und Berichte des Jahres 1954.[152] In einem der Sitzungsprotokolle wird beklagt, dass das Reparaturbüro an technischen Mitteln lediglich über „zwei Autos und eine Kreissäge" verfüge.[153] Zusätzlich werden bei den unterschiedlichen verantwortlichen Stellen auch hauseigene Missstände wie schlechte Organisation, mangelnde Arbeitsdisziplin und Mittelveruntreuung angeprangert.[154] Klagen, Vorwürfe und Appelle an die Schuldigen

---

148 Bohn 2008, S. 257.
149 SamOGA, f. 26, op. 1, d. 1427, l. 2.
150 SamOGA, f. 26, op. 1, d. 1363, l. 3.
151 SamOGA, f. 26, op. 1, d. 1667, l. 40–42.
152 SamOGA, f. 26, op. 1, d. 1667, ll. 123, 127.
153 SamOGA, f. 26, op. 1, d. 1437, l. 68–69.
154 SamOGA, f. 26, op. 1, d. 1398, l. 66.

sind unter den häufigsten Themen der Berichte und Sitzungsprotokolle der kommunalen Behörden, die ich im Stadtarchiv finden konnte.

Probleme gab es auch in der Wasserversorgung. Ein Bericht aus dem Jahr 1951 gibt Auskunft: Demnach benutzten die städtischen Wasserwerke noch größtenteils die Infrastruktur aus dem Jahr 1933. Sie waren damit imstande, dem System 7.000 Kubikmeter Wasser pro Tag zuzuführen, während der Bedarf aber 20.000 Kubikmeter pro Tag betrug. Dabei verbrauchten industrielle Betriebe 60 Prozent des verfügbaren Wassers, während mehr als die Hälfte der Bevölkerung Wasser aus Brunnen und *aryk*s (Bewässerungsgräben) nutzte.[155] Ähnliche Erinnerungen habe ich auch in Gesprächen mit Zeitzeugen erzählt bekommen: Das Wasser (auch zum Trinken!) stammte aus den *aryk*s, die allerdings früher sauberer gewesen sein sollen. „In ein *aryk* zu spucken war ein Unding", so einer der Interviewpartner. Bestenfalls kam das Wasser aus einer öffentlichen Wasserpumpe, von denen es in der Stadt im Jahre 1963 noch 465 Stück gab.[156]

Am schnellsten ging der Ausbau des Stromnetzes voran: Obwohl 29 Prozent des Wohnraumbestandes im Jahre 1950 noch recht mangelhaft versorgt waren, betrug die Elektrifizierung im Jahr 1960 bereits 83 Prozent.[157] Die Situation mit Wasserver- und Abwasserentsorgung sah viel schlechter aus: Vom Wohnraum in individuellem Besitz waren 1950 lediglich 1,4 Prozent mit Wasserleitungen versorgt, bis 1960 stieg diese Zahl auf 4,0 Prozent. Beim Wohnraum in öffentlicher Hand stieg die Versorgungsrate innerhalb des gleichen Jahrzehnts von 3,7 auf 10,2 Prozent.[158] Der Bau der Kanalisation wurde den Archivquellen zufolge erst 1958 begonnen, aber auch die Benutzung von konventionellen Sickergruben war nicht immer unproblematisch, denn bei der Sanitärbrigade fehlten Saugwagen: Im Jahr 1951 hatte sie nur zehn von den siebzehn übrig, die die Stadt vor dem Krieg besaß.[159] Die kommunale Infrastruktur litt auch an Problemen mit der Müllabfuhr und der Straßen- und *aryk*-Reinigung.

In den 1960er-Jahren, insbesondere in deren zweiter Hälfte, flossen mit der Intensivierung der industriellen Bauweise und der Errichtung neuer Viertel mit

---

155 SamOGA, f. 26, op. 1, d. 1437, l. 107.
156 SamOGA, f. 26, op. 1, d. 2168, l. 36.
157 TsGARUz, f. 1619, op. 16, d. 4, l. In den Statistiken lassen sich die Angaben nur für individuelle Bauten finden. Aus Gründen der Einfachheit übernehme ich diese auch für den staatlichen Wohnraumbestand, es ist zu vermuten, dass dieser sogar etwas höher war.
158 TsGARUz, f. 1619, op. 16, d. 4, l. 26, 29.
159 SamOGA, f. 26, op. 1, d. 1397, l. 37. Dieses Problem hielt offenbar sehr lange an. So erinnerte sich einer der Interviewpartner, dass er noch in den 1980er-Jahren mehrere Monate auf einen Saugwagen warten musste, der zu alledem am Ende nur ein Fünftel der Fäkalien mitnehmen konnte.

Etagenbauten, die eine bestimmte Infrastruktur verlangten, offenbar auch mehr Mittel in den infrastrukturellen Ausbau. Dies wird anhand steigender Zahlen deutlich.[160] Die Stadt bzw. einige Bezirke profitierten von Wohnungsbauprogramm und Industrialisierung, obwohl das schnelle Wachstum auch deutliche Probleme mit sich brachte. In einem Schriftstück aus dem Jahr 1963/64, einer Art Steckbrief für das Gebiet von Samarkand, werden in Stadt und Umland zahlreiche städtebauliche Mängel diagnostiziert, darunter beispielsweise eine gegen den Generalplan verstoßende falsche Platzierung von Industriebetrieben (z.B. zu nah an Wohngebieten) und deren negative Auswirkungen auf die sanitäre Situation. Dazu kam die Überlastung der schlecht entwickelten Wasser- und Abwassersysteme. „Fast alle Wasserarterien der Städte sind verseucht/verdreckt, insbesondere in Samarkand, da häufig die Kanalisation fehlt und zahlreiche Industriebetriebe noch keine eigene Kläranlage haben", heißt es weiter in dem Text. Des Weiteren wird die mangelhafte Versorgung der Stadt mit öffentlichen Grünanlagen kritisiert; diese betrug lediglich 0,61 Quadratmeter bei einer Norm von 16 Quadratmetern pro Person. Insgesamt werden sowohl der technischen Dokumentation als auch der Bauqualität große und teilweise schwerwiegende Mängel attestiert. Außerdem wird in dem Dokument über ein großes Problem der städtischen Baubehörden gesprochen, das hier später intensiv besprochen und diskutiert wird – nämlich über einen Landkonflikt der Stadt mit den umliegenden Kolchosen.[161]

Die Lage in Samarkand ist hier nur ein Beispiel für die Überforderung des sowjetischen Staates bei der Umsetzung eigener sehr hoch gesteckter Modernisierungsvorhaben und die Überlastung der lokalen Verwaltung, die beim Ausbau der bereits vor dem Krieg unzureichend gewesenen Infrastruktur dem Bedarf weit hinterherhinkte. In der Wohnungsfrage entwickelten sowohl die Bürger als auch die Verwaltung diverse Strategien, um ihre jeweiligen Ziele zu erreichen. Einen kurzen Überblick darüber bietet der nächste Abschnitt.

---

160 Mumiov 1970, Bd. 2, S. 410.
161 SamOGA, f. 1617, op. 1, d. 153, l. 1–2. Wie bei vielen der gefundenen Dokumente lässt sich auch hier die Reaktion des Ministeriums nicht feststellen.

Staatliche und individuelle Strategien zur Beseitigung des Wohnraummangels

Die Last der Investitionen für den Wohnungsbau wurde in den Städten der Sowjetunion auf mehrere Schultern verteilt. Die vorliegende Studie befasst sich ausführlich mit dem individuellen Wohnungsbau, doch zuvor möchte ich eine kurze Übersicht über weitere Möglichkeiten geben.

Der staatliche Sektor umfasste neben dem kommunalen auch den sogenannten „betrieblichen" Wohnungsbau, *vedomstvennoe zhilishchnoe stroitel'stvo*: Betriebe, diverse Einrichtungen und Organisationen waren angehalten, ihre Mitarbeiter mit Wohnraum zu versorgen. Dazu sollten sie teils aus eigenen Mitteln, teils durch erstrittene Zuwendungen (je nach Sparte unterstanden sie unterschiedlichen Ministerien und konnten auf diesem Wege Extrafinanzierungen für Bauprojekte erhalten) Wohnraum für ihre Beschäftigten bauen.[162] Für die Betriebe stellte diese Aufgabe einen zusätzlichen Aufwand dar, während der Erfolg vom Wichtigkeitsgrad der jeweiligen Organisation und der Initiative und Durchsetzungsfähigkeit ihrer Leitung abhing. Das folgende Zitat aus einem Sitzungsprotokoll des städtischen Ispolkom illustriert die Forderungen, mit denen die Betriebsleitungen konfrontiert wurden, und erklärt zugleich deren Situation:

> [...] nicht nachvollziehbar bleibt das Verhalten derjenigen Leiter von Betrieben, die keine energischen Versuche unternehmen, Zuwendungen für den Wohnungsbau zu erstreiten, und sich keine zusätzlichen Schwierigkeiten zum Wohle der besseren Befriedigung der Bedürfnisse der Arbeiter auferlegen.[163]

Dies war nur einer der Gründe für die Nichterfüllung der angesetzten Pläne für den Bau neuer Wohnungen, welche selbst bereits nicht ausreichend waren, um den Bedarf an Wohnraum zu decken. Über das mangelhafte Engagement der Betriebe beklagt sich der Stadt-Ispolkom auch in einem Schreiben an den Ministerrat der UzSSR. Dieses Schreiben enthält außerdem die Bitte, der Wohnungsbau mehrerer Betriebe im Umfang von insgesamt 210 Wohnungen möge doch in das Plansoll des Jahres 1954 eingeschlossen werden.[164] Wenn wir uns in Erinnerung rufen, dass im Jahr 1960 (also sechs Jahre später) 2800 Familien auf einer Warteliste standen, wird deutlich, wie unzureichend diese Baumaßnahmen waren. Hinzu kamen die schlechte Finanzierung, Knappheit an Baumaterialien und qua-

---

162 Mündliche Auskunft: Architekt O.P. aus Samarkand.
163 SamOGA, f. 26, op. 1, d. 1933, l. 12. Übersetzung der Autorin.
164 SamOGA, f. 26, op. 1, d. 1667, l. 21–22.

lifizierter Arbeitskraft, „nicht zufriedenstellende Arbeitsdisziplin" und die büro-
kratischen Hürden des sowjetischen Planungssystems. Ähnliche prinzipielle
Probleme in der staatlichen Bauorganisation und Bürokratie beschreibt bereits
Alfred John DiMaio.[165]

Die politischen und finanziellen Voraussetzungen für eine ernsthafte quan-
titative Steigerung wurden erst nach der Ankündigung des Wohnungsbauprogramms im Jahr 1957 geschaffen. Mit Hilfe von industrieller Bauweise sollten
Wohnhäuser schneller und kostengünstiger errichtet werden können. Um dies
auch technisch durchführbar zu machen, musste erst die Baumaterialindustrie
so weit ausgebaut werden, dass sie dem gesteigerten Bedarf gerecht werden
konnte; vor Ort mussten spezielle Baukombinate, sogenannte DSK (*domostroi-
tel'nye kombinaty)*, errichtet werden, was zugleich das Problem der sonst sehr hohen Transportkosten lösen sollte. Den Archivquellen und Gesprächspartnern zufolge wurde der Bau des ersten Kombinats in Samarkand gegen 1958 abgeschlossen, während die tatsächliche Fertigstellung der ersten Wohnhäuser erst
für 1962 verbürgt ist.[166] Auf der bürokratischen Ebene wurden mit dem Programm
die Städte bzw. die Ispolkom zu den Hauptauftraggebern des Wohnungsbaus gemacht, was die Prozesse zentralisieren sollte.

Wie bereits oben beschrieben, setzte der Staat für die Linderung des Wohnraummangels parallel auf eine zweite Säule – auf den individuell finanzierten
Wohnungsbau in Form von eigenen Häusern, und ab 1962 zusätzlich auf Kooperativen. Genauer gesagt handelte es sich bei beiden Formen um eine Mischfinan-
zierung, denn im individuellen Wohnungsbau unterstützte der Staat die Bürger
durch Kredite und Landzuteilung; beim kooperativen Wohnungsbau wiederum,
in dessen Zuge Etagenbauten entstehen sollten, sollten die Bürger fast die komplette Finanzierung des Bauvorhabens selbst übernehmen.[167]

Die Zielpersonen dieser staatlichen Maßnahmen verfügten ihrerseits über
unterschiedliche Ressourcen. Dazu zählten sowohl finanzielle Mittel als auch
handwerkliche Fertigkeiten bzw. die Fähigkeit, sich Arbeitskräfte zu mobilisieren, ein bestimmter Bildungsgrad und die Fähigkeit, sich das sowjetische bürokratische System nutzbar zu machen. Die Optionen und Möglichkeiten, die persönliche Wohnungsnot mit Hilfe eines eigenen Hauses zu lösen, reichten von
offizieller Antragstellung mit langen Wartezeiten bis zum Kauf eines fertigen

---

165 DiMaio 1974, S. 88 ff.
166 Die Mängel wurden sowohl in den Berichten der Behörden festgehalten und kritisiert als
auch in der offiziellen „Geschichte von Samarkand" bei Muminov 1970.
167 Ausführlicher über den sowjetischen kooperativen Wohnungsbau siehe z.B. DiMaio 1974,
S. 23 ff.; Harris 2013, S. 154 ff.

Hauses. Diese sind später ausführlich zu beschreiben und werden daher hier nicht weiter ausgeführt. Denjenigen Menschen aber, für die der Bau eines Hauses aus eigener Kraft samt Investition von Geld und Arbeit keine Option darstellte, blieb nur die Möglichkeit, sich auf eine Warteliste für die Zuteilung von kommunalem Wohnraum setzen zu lassen. Je nach Beschäftigungsart geschah dies direkt bei der Stadt, im Betrieb oder – je nach Gesetzgebung – beim Bezirks- oder Stadt-Ispolkom. Hier bestand ebenfalls keine Garantie, und das Warten konnte Jahre dauern, während zahlreiche Menschen zur Miete oder bei Verwandten in häufig sehr beengten Verhältnissen lebten. Grad der Bedürftigkeit, Durchsetzungsfähigkeit, Privilegien und/oder Kontakte konnten die Wartezeit auf der Liste verkürzen.

Eine weitere Möglichkeit, sich selbst zu helfen, wenn man glaubte, von den lokalen Behörden im Stich gelassen zu sein, war, sich an höhere Instanzen zu wenden. Dies scheint eine recht verbreitete Praxis gewesen zu sein: In einem Beschluss des Stadtrates von Samarkand ist die Rede von 449 Beschwerden, die die Behörde aus verschiedenen höheren Parteiorganisationen oder Instanzen erreicht hatten.[168] Zwei meiner Gesprächspartner berichteten davon, selbst mit Hilfe solch einer Beschwerde nach jahrelangem Warten letztlich doch eine Wohnung bekommen zu haben. Bezeichnend ist, dass beide Interviewten unabhängig voneinander betonten, wie wichtig die Kompetenz (die eigene bzw. die der Eltern) war, sich an die richtige Instanz zu wenden, die im Idealfall auf Unionsebene lag, da Beschwerden auf Republikebene häufig wirkungslos blieben.

---

168 SamOGA, f. 1658, op. 2, d. 139, l. 127.

4 Planmäßiger individueller Wohnungsbau in Samarkand

Individueller Wohnungsbau war in Samarkand, wie anderswo in der Sowjetunion, in Zeiten des Wohnraummangels ein wichtiger Bestandteil bei der Lösung dieses Problems. Die Handhabung seitens der Politik und der Verwaltung war jedoch nicht konstant oder konsequent und durchlief in dem betrachteten Zeitraum mehrere Phasen. Einerseits wurden die Rahmenbedingungen durch den politischen Willen und entsprechende unionsweite oder republikanische Programme und Vorgaben gesetzt. Gleichzeitig übten die Interessen unterschiedlicher lokaler Akteure sowie infrastrukturelle Bedingungen, Zwänge und Entwicklungen vor Ort ebenfalls einen starken Einfluss aus.

Planmäßiger individueller Wohnungsbau in den Händen der (Stadt)politik

Neben dem akuten Mangel an Wohnraum befand sich Samarkand Anfang der 1950er-Jahre vor der Notwendigkeit der weiteren Industrialisierung und vor umfangreichen Infrastrukturmaßnahmen – also weiterem Wachstum und territorialer Erweiterung. Eine wichtige Voraussetzung dafür war die Verfügbarkeit von unbebautem Land, einer Ressource, über die Samarkand bereits zu Beginn der 50er-Jahre nicht in genügendem Maß verfügte. Zur Lösung dieses Problems wurden etappenweise Territorien der umliegenden Kolchosen in das Stadtgebiet eingemeindet – diese Entscheidungen waren mit großem Konfliktpotential und weitreichenden Folgen verbunden.

Wie bereits geschildert, erfolgte im Jahr 1956[169] eine große Überholung und Aktualisierung des Generalplans von 1938, wodurch dieser an die neuen Bedingungen und Bedürfnisse der Stadt angepasst werden sollte. In dem Plan waren unter anderem auch Flächen für die so genannten „Viertel mit planmäßiger individueller Bebauung" vorgesehen (*kvartaly planovoi individual'noi zastroiki*). Die größten von ihnen sind auch heute noch auf Satellitenbildern deutlich zu erkennen.

---

[169] Bei Muminov 1970, Bd. II S. 324, ist die Rede von 1951, allerdings ließ sich dieses Datum nicht durch Archivquellen bestätigen, während das Jahr 1956 in zahlreichen Dokumenten Erwähnung findet.

Die Praxis der Landzuteilung für individuellen Hausbau gab es in Samarkand auch schon vor den bereits mehrfach erwähnten Gesetzen aus den Jahren 1944 und 1948. So berichtete zum Beispiel eine Hausbesitzerin, dass ihre Eltern das Grundstück bereits 1938 erhalten hatten.[170] Auch Muminov schreibt von einer wohlwollenden Einstellung gegenüber der individuellen Bautätigkeit in den 1920er- und 30er-Jahren, jedoch mit wenigen konkreten Zahlen, sodass es schwierig ist, das konkrete Ausmaß einzuschätzen.[171] Nach 1948 wurde die Parzellenverteilung intensiviert, unterstützt durch die Vergabe von Krediten. Bis in die Mitte der 1950er-Jahre hatten die städtischen Behörden jedoch Schwierigkeiten, das geforderte Plansoll zu erfüllen. Es mangelte an Bauland und, bevor der aktualisierte Generalplan vorlag, offenbar auch an einer verlässlichen Planung über die genaue Lage solcher Viertel. Dies lässt sich aus den Entscheidungen des städtischen Ispolkom herleiten, nach denen für die Maßnahme vereinzelte recht kleine Grundstücke von zwei bis drei Hektar an unterschiedlichen Orten der Stadt zusammengekratzt wurden.[172]

In einem anderen Dokument des Ispolkom, von Juni 1956, wird das komplette Fehlen von verfügbarem Bauland festgestellt und beim Gebiets-Ispolkom eine Übereignung von insgesamt 50 Hektar Land von fünf umliegenden Kolchosen (jeweils 10 Hektar) beantragt.[173] Ob diesem konkreten Antrag stattgegeben wurde, lässt sich nicht verfolgen; ein Flächenzuwachs in diesem geringen Umfang konnte das Problem ohnehin nicht nachhaltig lösen. Entscheidungen zu Übereignungen größerer Flächen lassen sich im betrachteten Zeitraum in den Jahren 1953[174] und 1956[175] finden. Allerdings bedeutete ein entsprechender Beschluss der Stadt noch nicht zwingend die Zustimmung der Kolchosen, deren Leitungen nicht immer gewillt waren, die Anordnungen auszuführen. Ein Beschwerdebrief des Stadt-Ispolkom vom April 1957 kritisiert mehrere Kolchosen, welche den behördlichen Übereignungsbeschluss ignorierten und die bürokratisch notwendigen Schritte dazu verweigert hätten bzw. nur kleine und teilweise bereits bebaute Flächen zur Übergabe anboten. Die Rede ist dabei von insgesamt 252

170 Gespräch mit S.A.
171 Muminov 1970, Bd. II S. 100, 152.
172 SamOGA, f. 1617, op. 1, d. 40, l. 40.
173 SamOGA, f. 1617, op. 1, d. 62, l. 72.
174 SamOGA, f. 26, op. 1, d. 1675, l. 66. Hier handelt es sich um eine Liste von fünf Kolchosen, auf deren Mitgliederversammlungen die Übergabe von insgesamt über 100 Hektar beschlossen wurde. Bei Muminov (1970, Bd. II S. 325) taucht das Jahr 1952 auf, allerdings ließ sich dieses nicht durch Archivquellen bestätigen.
175 SamOGA, f. 1617, op. 1, d. 126, l. 20–23.

Hektar, vorgesehen für die Errichtung von 6300 individuellen Häusern.[176] Vor allem bereits bebautes Land stellte für die Stadt ein großes Problem dar, denn das bedeutete nicht nur weniger Bauland als geplant, sondern brachte häufig auch massive Verstöße gegen die Bauvorhaben und damit gegen den Generalplan ans Licht. Daraus ergaben sich weitreichende Konsequenzen für die zentrale Planung, und der Handlungsspielraum der Stadt wurde erheblich eingeengt.

Die städtische Verwaltung stand unter Druck sowohl von Seiten der Bevölkerung – in Form von Beschwerden und langjährigen, immer länger werdenden Wartelisten – als auch seitens der Parteiinstitutionen, die das Plansoll des Wohnungsbaus (in Quadratmetern ausgedrückt) erfüllt sehen wollten. Dabei fehlten der Verwaltung ganz offensichtlich die Ressourcen und auch die Fähigkeit, die Prozesse effektiv zu organisieren. Deutlich erkennbar wird dies in der Kritik, die sich in den Archiven des Stadt-Ispolkom von Jahr zu Jahr, meist sogar im gleichen Wortlaut, wiederfindet. Angeprangert werden dabei diverse Defizite und Verstöße wie „mangelnde Kontrollen" und undurchsichtige Dokumentation der zuständigen Behörden. Den Vorwürfen zufolge existierte keine einheitliche Warteliste, was Tricksereien ermöglichte und zur Missachtung der korrekten Reihenfolge der Antragstellung führte. Häufig erfolgte die Zuteilung ohne Überprüfung des tatsächlichen Bedarfs, was es einigen Antragstellern ermöglichte, mehrere Grundstücke zugleich zu bebauen und die Häuser dann zu vermieten oder zu verkaufen. So wurde z.B. auf einer Sitzung des Bezirks-Ispolkom im Juni 1963 der Fall der Familie Kabilov besprochen, der es gelang, durch Anträge und eigenmächtige Aneignung an sechs benachbarte Grundstücke zu gelangen.[177]

In diesem Zusammenhang wird den zuständigen Behörden mangelnde Kontrolle des Bauverlaufs vorgeworfen; kritisiert werden diese auch für die schlechte Versorgung der Bürger mit Baumaterial bzw. dafür, dass spezielle Baumärkte die ohnehin schwer erhältlichen Materialien statt an die Bevölkerung an größere Betriebe verkauften. Hinzu kamen Verzögerungen bei der Parzellierung (meist wegen Fehlens von geeignetem Land), bürokratische Hürden, Zuteilung unter Umgehung des Ispolkoms sowie Probleme mit bereits bebautem Kolchosenland

---

176 SamOGA, f. 26, op. 1, d. 1972, l. 19.
177 SamOGA, f. 1658, op. 2, d. 109, l. 95–97. In diesem Fall wurden Machenschaften aufgedeckt und diverse Konsequenzen bis hin zur Übergabe des Falls an die Staatsanwaltschaft angeordnet. Inwiefern diese letztlich umgesetzt wurden, kann nicht endgültig gesagt werden, da hierfür die Quellen fehlen.

usw.[178] Die Kritik erscheint in den Akten sehr routiniert, während viele der Beschlüsse und Anordnungen, die der Gebiets-Ispolkom über die Stadt-Ispolkoms verhängte, eher Appellcharakter haben.[179]

Ein genaues Datum lässt sich nicht feststellen, jedoch indirekt machen die vorhandenen Quellen deutlich, dass es der Stadt im Zeitraum 1956/1957 gelang, einige Territorien von den umliegenden Kolchosen übereignet zu bekommen. Zusammen mit der verbesserten Finanzierung und dem unionsweiten Wohnungsbauprogramm kamen damit in der zweiten Hälfte der 50er-Jahre für eine kurze Zeit mehrere günstige Faktoren zusammen, die zu einem regelrechten Boom an Zuteilungen und individuellem Häuserbau führten. Innerhalb von drei Jahren (1957–1959) wurden planmäßige Eigenheimviertel auf einer Gesamtfläche von 250 Hektar errichtet. Entsprechend hoch war die Zahl der zugeteilten Parzellen: 1015 Stück im Jahr 1957, 2000 im Jahr 1958 und immer noch 950 Parzellen im Jahr 1959. Laut einem Bericht aus dem Jahr 1960 konnte damit eine über fünf Jahre angestaute Warteliste abgearbeitet werden.[180] Das Problem wurde damit jedoch nicht gelöst, da offenbar eine Art Sogkraft für eine weitere Nachfrage nach Parzellen entstand. So ist z.B. in einem anderen Dokument von Mai 1960 die Rede von mehr als 1000 neuen Anträgen und fehlendem Land und der daraus folgenden Notwendigkeit, die tatsächliche Bedürftigkeit der Antragsteller zu prüfen.[181]

Die hohen Zahlen an zugeteilten Parzellen in Samarkand stimmen zeitlich überein mit dem unionsweiten Höhepunkt des Bauprogramms – so waren 39,9 Prozent des gesamten Wohnraumbestandes im Jahr 1958 in individueller Hand.[182] Wie bereits oben geschildert, erfuhr der individuelle Wohnungsbausektor in der zweiten Hälfte der 1950er-Jahre die größte Förderung und Verbreitung in der gesamten Sowjetunion, gefolgt allerdings von einer recht schnellen Umkehr ins Gegenteil. Die Entwicklung in Samarkand spiegelt in groben Zügen die unionsweite Politik wieder, jedoch mit eigenen Besonderheiten.

Im Rahmen des unionsweiten Wohnungsbauprogramms wurde der individuelle Wohnungsbau „unter Einbeziehung von Eigenmitteln der Bürger und unterstützt durch staatliche Kreditvergabe" zu einem wichtigen Bestandteil der Beseitigung des Wohnraummangels erklärt und erfuhr auch ideologische Unterstützung. Ein Beitrag in einem „Agitatoren-Notizbuch" fasst in routinierter Begeisterung Zahlen und Argumente zusammen: Demnach plante die UzSSR für die

---

178 SamOGA, f. 1617, op. 1, d. 62, l. 67.
179 SamOGA, f. 1617, op. 1, d. 111, l. 1–2.
180 SamOGA, f. 26, op. 1, d. 2168, ll. 313, 322, 404.
181 SamOGA, f. 26, op. 1, d. 2355, l. 476.
182 Smith 2010, S. 161.

Jahre 1956–1960 fast genau so viel individuell gebaute Wohnfläche (nämlich 3 Millionen Quadratmeter) wie solche von staatlicher Hand (3,9 Millionen Quadratmeter); allerdings schließen diese Zahlen auch Wohnungsbauvorhaben auf dem Land mit ein. Es wurden die Vorzüge des neuen Systems gelobt: Eine große Rolle bei der Organisation, Verteilung und den bürokratischen Formalitäten hatten nun die Betriebe und andere Arbeitsstellen zu übernehmen, was das Prozedere erleichtern sollte.[183] Des Weiteren wird die Übersetzung der oben bereits erwähnten Gorky-Methode in die traditionelle lokale Form der Nachbarschaftshilfe *hashar* gelobt und mit Beispielen von erfolgreicher Anwendung illustriert.

Diese positive Stimmung hielt allerdings nicht lange an, und zwar sowohl auf der lokalen als auch auf der Unionsebene. In Samarkand stieß die großzügige Verteilung von Land für individuelle Häuser zusammen mit anderen Bauprojekten offenbar schnell an ihre Grenzen. Bereits im Jahre 1958 wurde deutlich, dass das verfügbare Bauland angesichts des Bevölkerungswachstums nicht für den eingeplanten Umfang an staatlichem und individuellem Wohnungsbau ausreichte und dass weitere Flächen benötigt wurden.[184] Im November 1960 fand eine Sitzung beim stellvertretenden Vorsitzenden des Gebiets-Ispolkom statt, bei der zahlreiche Verantwortliche der städtischen Partei-, Planungs-, Bau- und Verwaltungsorganisationen anwesend waren. Aus dem Sitzungsprotokoll geht hervor, dass im Jahre 1960 offenbar ein zwischenzeitliches Verbot der Erweiterung der Stadt auf Kosten von Kolchosenland verhängt worden war und dass in diesem Zusammenhang auch der individuelle Wohnungsbau gestoppt wurde. Damit wird auch die Notwendigkeit einer Revision bzw. Aktualisierung des neuen Generalplans begründet.[185] Die Anordnung eines Verteilungsstopps wirkt verwirrend, wo doch noch wenige Monate zuvor, im Februar, der Gebiets-Ispolkom in einem seiner Beschlüsse die mangelnde Plansollerfüllung bei der Kreditvergabe für individuelle Häuser (lediglich 48 Prozent) und bei der Inbetriebnahme (77 Prozent) bemängelte.[186] Offenbar galt das Zuteilungsverbot jedoch nur für kurze Zeit bzw. war mit genügend Ausnahmen versehen, denn bereits aus dem Jahr 1961 finden sich wieder zahlreiche Beschlüsse und Entscheidungen, die die Parzellenzuteilung bzw. den individuellen Hausbau betreffen.

Der Stimmungswechsel hing gewiss auch mit den oben erwähnten Gesetzesverschärfungen in Bezug auf den individuellen Wohnungsbau in größeren Städ-

---

183 Razykov, A. 1958. S. 11–18.
184 SamOGA, f. 1617, op. 1, d. 63, l. 19–21.
185 SamOGA, f. 1617, op. 1, d. 63, l. 36–38.
186 SamOGA, f. 1617, op. 1, d. 111, l. 1–4.

ten zusammen. Nach dem unionsweiten Gesetz „Über individuellen und kooperativen Wohnungsbau" beschloss der Ministerrat der UzSSR im August 1962 ebenfalls den Übergang von individuellen Häusern mit nur einer Wohnung zum Bau von Etagenwohnhäusern unter Einbeziehung der Mittel der Bevölkerung in Form von Kooperativen.[187] In einem Merkblatt von November 1962 werden Städte aufgezählt, darunter auch Samarkand, wo die Zuteilung von Parzellen zur individuellen Bebauung nur in Ausnahmefällen gestattet wurde, und zwar im Falle eines Abrisses wegen staatlicher Bauvorhaben.[188] Offenkundig schlug sich in dieser Form eine Regelung nieder, die seit 1962 den Ministerräten der Republiken das Recht überließ, über die Vergabe von Parzellen und Krediten in bestimmten Städten selbst zu entscheiden. In den Hauptstädten sollte die Vergabe nach dem Gesetz komplett eingestellt werden.

Den Dokumenten ist ein deutlicher Rückgang der Parzellenzuteilung um die Wende des Jahrzehnts und zu Beginn der 1960er-Jahre zu entnehmen, und das, was dennoch verteilt wurde, ging – der Ausnahme entsprechend – vor allem an solche Personen, deren bisherige Häuser abgerissen werden mussten.[189] Dabei wird die widersprüchliche Situation deutlich, in der sich städtische Verwaltung und Baubehörden befanden: Für die Errichtung von vier- bis fünfstöckigen Neubauten, diversen öffentlichen Gebäuden oder Straßen mussten Flächen, häufig im Stadtzentrum oder seiner Nähe oder auch in der Altstadt, frei gemacht werden, die in der Regel mit individuellen Häusern – alten oder neueren – bebaut waren.[190] Die Besitzer bekamen neue Grundstücke in dafür vorgesehenen Vierteln der individuellen Bebauung am damaligen Stadtrand; paradoxerweise waren die neuen Grundstücke manchmal nur einige hundert Meter von den alten entfernt.[191] Damit verlor die Stadt wertvolle Bauflächen, die an anderen Stellen sofort wieder bebaut wurden. Die Wohnungsnot verschärfte sich sogar kurzfristig, solange die

---

187 SamOGA, f. 1617, op. 1, d. 137, l. 35. Diese Anordnung wiederholte im Wortlaut den Gesetzestext der Unionsebene.

188 SamOGA, f.1617, op.1, d. 150, l. 24. Weitere Städte in der Liste sind Bukhara, Andidschan, Namangan – alle mit Bevölkerungszahlen um die 100.000.

189 SamOGA, f. 1617, op. 1, d. 161, l. 18.

190 Ein großes Problem der Stadt und ein Teil des Konflikts zwischen Stadtverwaltung und Leitungen der Kolchosen bestand darin, dass die Kolchosen die Territorien in den so genannten „Projektgrenzen der Stadt", die eigentlich frei bleiben sollten, bereits selbst zur Bebauung freigegeben hatten. Über die genauen Motive für diese Handlungen kann angesichts der beschränkten Quellenlage nur spekuliert werden. Eine mögliche Erklärung könnte sein, dass die Kolchoseleitungen sich davon eine Art „Schutzwall" vor der Stadterweiterung versprochen hatten. Individuelle Bereicherung von konkreten Personen, die für die Zuteilung zuständig waren, ist ebenso wahrscheinlich.

191 Dies betraf z.B. Menschen in Viertel 1.

neuen Wohnblöcke nicht fertig waren bzw. wenn es sich beim Neubau nicht um Wohnungsbau handelte. Einer meiner Interviewpartner hat es wie folgt zusammengefasst: „Samarkand wurde nur durch Abriss gebaut."[192] Gleichzeitig waren die entsprechenden Entscheidungen nicht immer koordiniert. Dazu trug auch die schwache Stellung des städtischen Ispolkom gegenüber den Interessen zum Beispiel der Industrie bei, die direkt den jeweiligen Ministerien untergeordnet waren. John DiMaio konstatiert:

> Most troubles of Soviet urban planning are a result of the sometimes fierce conflicts between the much overburdened but weak local Soviets and the nearsighted but powerful ministries and departments and their enterprises. (DiMaio 1974, S. 66)

Yulia Kosenkova spricht dazu von Exterritorialität der industriellen Betriebe.[193] Die Kombination aus diversen Interessenskonflikten, fehlender Abstimmung bei der Planung und überstürzten Lösungen führte letzten Endes zu Verstößen gegen den Generalplan.

Im Sommer 1965 kam vom Ministerrat der UzSSR ein Beschluss, in dem die „nachlassende Aufmerksamkeit" gegenüber dem individuellen Bausektor und damit sein Rückgang bemängelt und die Praxis des „unbegründeten" Abrisses von Neubauten kritisiert wurde. Der UzGosstroi ordnete daraufhin an, binnen kürzester Zeit Pläne und Projektvorschläge für einen neuen individuellen Wohnungsbau zu erstellen.[194] Der zwischenzeitliche Anstieg der Zuteilungen in Samarkand in den Jahren 1966–67 – in den beiden Jahren wurden mehr als 1500 Parzellen bebaut[195] – ist mit Sicherheit darauf zurückzuführen. Gleichzeitig fanden in Fachzeitschriften und auf einigen Sitzungen Diskussionen über die Notwendigkeit einer Anpassung der sog. Typenprojekte (*tipovoi proekt*)[196] sowohl an die lokalen klimatischen Bedingungen als auch an die traditionellen Bauweisen und die großen Familien statt.[197] Die erneute Förderung des individuellen Wohnungsbaus kann auch mit dem Machtwechsel in der obersten politischen Etage

---

192 Interview mit einem ehemaligen bauverantwortlichen Parteimitarbeiter.

193 Kosenkova, 'Gradostroitel'noe myshlenie'.

194 SamOGA, f. 1617, op. 1, d. 195, l. 88–89.

195 SamOGA, f. 1646, op. 2, d. 76, ll. 1 und 4.

196 Ein *tipovoi proekt* war in der Regel ein standardisiertes Projekt eines Gebäudes (Wohnhaus, Schule, Kino, etc.). Nach dem Entwurf und dem Genehmigungsprozess wurden diese in speziellen Katalogen gesammelt und zur weiteren Anwendung an Projektinstitutionen verteilt. Sie dienten zur Kosteneinsparung und konnten mit oder ohne Anpassungen beliebig oft wiederverwendet werden.

197 Chebotareva 1974. Für einen Überblick über die Diskussion zur Einbeziehung von lokalen Baumethoden in die Projekte für industriellen Wohnungsbau siehe Kosenkova 2009.

zusammenhängen – nach der Absetzung von Khrushchev 1964 vom Amt des Ersten Sekretärs der KPdSU wurde Brezhnev, dem auch eine wohlwollende Haltung gegenüber dem individuellen Wohnungsbau nachgesagt wird, zum Amtsinhaber auf Jahre hinaus.[198]

Der Zickzack-Kurs beschäftige offenbar einige Fachleute. In den Dokumenten der Architektur- und Planungsbehörde der Stadt für das Jahr 1966 findet sich eine selten kritisch ausformulierte Schrift vom Leiter der Behörde, A. Kogan, über die Perspektiven des Wohnungsbaus in Samarkand.[199] Darin kritisiert er die langjährige Praxis der schlecht koordinierten individuellen Bebauung, in deren Zuge zufällige Gebiete in der Stadt für private Häuser vergeben wurden, weswegen neuer Massenwohnungsbau nur außerhalb der damaligen Stadtgrenzen und nur auf Kosten der übereigneten Kolchos-Ländereien möglich sei. Individuelle Bebauung in einer Großstadt wird von ihm als *moral'no i fizicheski*, also „im Geiste sowie physisch", veraltet bezeichnet und zudem als sehr kostspielig gebrandmarkt, da sie im Vergleich zu einer dichteren Siedlungsform sehr hohe Kosten bei der Bereitstellung der Infrastruktur verursache, und zwar sowohl bei den Versorgungsleitungen für Wasser, Strom, Gas und Abwasser als auch bei der Ausstattung der Gebiete mit öffentlichen Einrichtungen und Verkehrsmitteln, so Kogan. Er plädiert für einen Stopp des individuellen Wohnungsbaus in Samarkand und für die Begrenzung des Flächenwachstums der Stadt. Er beklagt den „Hang der lokalen Bevölkerung zum [Leben am] Boden" – gemeint damit ist die Bevorzugung eines eigenen Hauses mit Garten gegenüber einer Etagenwohnung durch viele Bewohner von Samarkand. Dies sieht Kogan als eines der größten Hindernisse auf dem Weg zum dringend anstehenden Umbau und zur Umgestaltung (*rekonstruktsiya*) der zentrumsnahen Stadtviertel.

Bezeichnend für die Widersprüchlichkeit der städtebaulichen Politik in Samarkand ist, dass in derselben (!) Akte ein Bericht zum erfolgten und geplanten Wohnungsbau in Samarkand enthalten ist, unterschrieben von Vertretern von Partei und Verwaltung, darunter auch Herrn Kogan. Demnach plante die Stadt für die Fünfjahresplan-Periode 1966–70, insgesamt 333.000 Quadratmeter an Wohnraum zu bauen, wobei fast ein Drittel (100.000 Quadratmeter) durch individuellen Wohnungsbau abgedeckt werden sollte.[200] Beide Dokumente sind leider undatiert und haben auch keinen Empfänger im Briefkopf, sodass sich weder die Chronologie ihres Erscheinens nachvollziehen lässt noch klar wird, ob und in welcher Form diese miteinander in Konflikt stehenden Dokumente eine Wirkung

---

198 Rywkin 1980, S. 41–42.
199 SamOGA f. 1658, op. 2, d. 146, l. 6–8.
200 SamOGA, f. 1658, op. 2, d. 146, l. 1–5.

entfalteten. Deutlich machen sie, dass der Wohnungsbau in Samarkand hinsichtlich der Folgen des individuellen Wohnungsbaus durchaus Diskussion und Widerspruch aus der städtebaulichen Perspektive provozierte. Darüber hinaus zeugen die Unterlagen von der Schwäche, die Einzelstimmen gegenüber Plänen hatten, die von zentralen Behörden angeordnet waren.

Parallel dazu wurde 1966 die Praxis der Übereignung von fruchtbaren Böden von den Kolchosen an die Städte zum Zwecke des Industrie- und Wohnungsbaus auf höchster Ebene massiv kritisiert und durch einen Erlass des Zentralkomitees der KPdSU und des Ministerrats der UdSSR strengen Auflagen untergeordnet.[201] Damit wurde es für die Stadt in der zweiten Hälfte der 1960er- und am Anfang der 70er-Jahre deutlich schwieriger, Bauland zu bekommen. Zahlreiche Anträge auf Erteilung von Parzellen werden nun mit der Begründung abgewiesen, das Bauland reiche selbst für die vom Abriss Betroffenen nicht aus.[202] Auch meine Gesprächspartner äußerten fast einstimmig die Beobachtung, dass es in den 70er-Jahren bereits sehr schwierig, ja beinahe unmöglich geworden war, eine Parzelle zu bekommen. Es ist sehr wahrscheinlich, dass diese Entscheidung unmittelbar mit dem Landkonflikt zwischen der Stadt und den umliegenden Kolchosen verbunden war.

Der Mangel an Bauland und widersprüchliche politische Entscheidungen schränkten den Handlungsspielraum der Stadtverwaltung und der Baubehörden von Samarkand immer weiter ein. Die Bautätigkeit der Stadt glich einem Schieberätsel-Spiel, bei dem die wenigen frei werdenden Flächen schnell bebaut wurden, um dem Bedarf auf irgend eine Weise nachzukommen, währenddessen für kurzfristige Lösungen die Vorgaben des Masterplans aufgegeben wurden. Zu diesem Umstand passt auch die Aussage eines Architekten, dass die Eigenheimviertel ursprünglich als temporäre Lösung gedacht waren und nur gebaut wurden, um die größte Not zu lindern, in Zukunft aber wieder abgerissen werden sollten, sobald genügend Geschoss-Wohnhäuser gebaut waren.[203] Von diesem Interviewpartner wurde die Bemerkung allerdings mit dem Spruch „Es gibt nichts Beständigeres als etwas Temporäres" eingeleitet. Im krassen Kontrast dazu war es nicht möglich, den von oben auferlegten Planvorgaben zu widersprechen: Ein anderer Zeitzeuge brachte die Widersprüche des Systems mit dem Zitat einer Losung auf den Punkt: „Der Plan ist Gesetz, die Erfüllung Pflicht, die Übererfüllung

---

201 SamOGA, f. 1617, op. 1, d. 210, l. 88–90.
202 SamOGA, f. 1658, op. 1, d. 376, l. 21.
203 Gespräch mit R.B.

Ehre und die Qualität das Gewissen."[204] Dabei lassen sich die tatsächlichen Aushandlungsprozesse, formelle wie informelle, auf der Grundlage der vorhandenen Daten nur grob nachvollziehen. Zwar hatte ich die Chance, mit einigen Zeitzeugen zu sprechen, die Ende der 1960er und Anfang der 70er-Jahre Positionen in den städtischen Baubehörden innehatten, doch waren diese nicht gewillt, über entsprechende Details Auskunft zu geben, und bemühten sich vielmehr, die Frage des individuellen sowie des eigenmächtigen Wohnungsbaus in ihrer Bedeutung herunterzuspielen.[205] Eine Ursache für die ausweichenden Antworten könnte die unmittelbare Verwicklung meiner Interviewpartner in Konflikte und Unregelmäßigkeiten im Zusammenhang mit eigenmächtigem Wohnungsbau in Samarkand sein, wie ein anderer Gesprächspartner mutmaßte – eine Einschätzung, die ohne konkrete Belege aber reine Spekulation bleibt.

Abschließend wurde im Jahr 1972 die Zuteilung von Parzellen für individuelle Bebauung eingestellt. Die einzigen Ausnahmen wurden Bürgern gewährt, deren Häuser zum Abriss bestimmt waren, sowie Invaliden des Zweiten Weltkriegs in schwieriger Wohnsituation. Bei neuen Bauvorhaben sollte darauf geachtet werden, dass möglichst wenig Wohnsubstanz dafür abgerissen wird. Die Leitung des städtischen Architektur-Planungsbüros wird unter der Androhung, persönlich zur Verantwortung gezogen zu werden, vor Verstößen gewarnt.[206] Tatsächlich wurde der individuelle Wohnungsbau in den 1970er- und 80er-Jahren reduziert. Eine Rolle spielte dabei sicherlich, dass die Kapazitäten des industriellen Wohnungsbaus in dieser Zeit anwuchsen: Der Bau der Mikroraions A und B im Westen der Stadt sowie die erstmalige Errichtung von neunstöckigen Häusern konnten die Wohnungsnot schrittweise reduzieren.

Der Weg zum Eigenheim

Mark Smith beschreibt das Wohnungsbauprogramm als Teil des sowjetischen Wohlfahrtssystems,[207] jedoch erforderte der individuelle Hausbau besonders viel private Initiative und die persönliche Bereitschaft, beachtliche Finanzen und Arbeit zu investieren. Zudem existierte in Samarkand eine zahlenstarke Kategorie von Menschen, die das Grundstück vom Staat nicht nach einem Antrag, sondern

---

204 Gespräch mit O.P.
205 Aufgrund des Datenschutzes kann ich mir hier nicht erlauben, die Position der Person zu nennen, da sonst Rückschlüsse auf die Identität leicht möglich sind. Strikte Anonymität war aber von den Interviewpartnern explizit gewünscht.
206 SamOGA, f. 1658, op. 1, d. 355, l. 57.
207 Smith 2010, S. 139 ff.

als Ersatz bekamen – nachdem nämlich das eigene Haus staatlichen Baumaßnahmen zum Opfer gefallen war und sie ihr Haus von Null wieder aufbauen mussten. Hausbau war also nicht immer eine freiwillige Entscheidung; er konfrontierte Menschen in womöglich sehr unterschiedlichen Lebenssituationen mit einer herausfordernden Aufgabe. Zu den bürokratischen Hürden bei der Beantragung kamen diverse Auflagen und Restriktionen, Kosten und Knappheit von Baumaterial sowie Engpässe in der infrastrukturellen Versorgung. Je nach finanzieller und sozialer Positionierung entwickelten die Bewohner von Samarkand unterschiedliche Strategien, um diese Herausforderungen zu meistern. Um die persönliche Perspektive einzufangen, habe ich neben dem Studium des Archivmaterials, aus dem primär die bürokratischen Vorgänge ersichtlich sind, Interviews mit den Bewohnern des „privaten Sektors" geführt, aber auch mit Menschen, deren Familie kein Haus bauen konnte oder wollte. In den folgenden Abschnitten werde ich versuchen, beide Perspektiven darzustellen; dabei wird der Fokus zuerst auf der regulären Form liegen, auf dem „planmäßigen individuellen Wohnungsbau" *(planovoe individual'noe stroitel'stvo)*. Der parallel dazu existierende semi-legale oder gar illegale sogenannte „eigenmächtige" *(samovol'noe)* Hausbau wird in seinen unterschiedlichen Formen und Ausprägungen in Kapitel 5 ausführlich besprochen.

Die meisten Gespräche, nämlich vier längere Interviews und fünf kürzere Gespräche (letztere mit Menschen, die vor ihren Häusern saßen), habe ich mit Bewohnern des Viertels 1 (Abb. 1) geführt, das ich aufgrund seiner offensichtlich planmäßig angelegten Straßenführung als Beispiel ausgesucht hatte.[208] Weitere drei Gespräche wurden im Viertel 2 geführt. Für fast alle Gesprächspartner gilt, dass die Häuser bereits von ihren Eltern gebaut wurden, sodass ihnen als Kindergeneration das Wissen bzw. die Erinnerung zu vielen Details fehlte, was die Daten stark fragmentarisch macht.

---

[208] Im Gegensatz zu den meisten Vierteln mit individueller Bebauung, die im einfachen Raster angelegt sind, macht der Straßenverlauf hier den Eindruck, dass intensivere Planungsüberlegungen am Werk waren. Die untersuchten Viertel haben keine offiziellen Namen, und werden hier neutral als Viertel 1 und 2 bezeichnet.

Das bürokratische Prozedere

Die formelle Seite der Beantragung einer Parzelle unterschied sich in Samarkand im Wesentlichen nicht von dem, was für die gesamte UdSSR galt.[209] Parzellenzuteilung erfolgte über eine Warteliste bei der Arbeitsstelle oder über die spezielle Abteilung beim Stadt-Ispolkom.

Um auf diese Liste zu gelangen, musste man einen Antrag stellen und eine Fürsprache von Seiten des Arbeitgebers, einen Nachweis über das Beschäftigungsverhältnis sowie eine Bescheinigung des Hauskomitees (*Domkom*) über die Größe der Familie und des vorhandenen Wohnraumes beibringen.[210] Ein Platz auf der Liste garantierte jedoch nicht immer ein Grundstück, denn, wie bereits deutlich geworden sein sollte, variierte die Landverfügbarkeit je nach Jahr stark; zudem blieb die Zahl der Bauwilligen stets höher als die möglichen Kapazitäten erlaubten, sodass die Wartezeit mehrere Jahre betragen konnte. So wurden zum Beispiel zahlreiche Anträge aus dem Jahr 1953 erst im Jahr 1957 genehmigt.[211] Das Fehlen von einheitlichen Listen beim Stadt-Ispolkom, ein verbreitetes Problem, das sowohl in Samarkand als auch in anderen Städten der Sowjetunion beklagt wurde, bot viel Raum für Fehler und Manipulationen. Das Zurückgreifen auf informelle Praktiken, um auf der Warteliste vorzurücken oder anderweitig begünstigt zu werden, lässt sich auf der Grundlage der von mir gesammelten Daten nur für vereinzelte Beispiele sicher feststellen, ansonsten nur vermuten.[212] Gleichzeitig kann ein größeres Ausmaß der Nutzung von informellen Praktiken wie *blat*, Vetternwirtschaft oder Bestechung nicht ausgeschlossen werden, eine dahingehende Behauptung könnte sich jedoch nur auf die große allgemeine Verbreitung dieser Phänomene in der SU stützen.[213] Eine Fokussierung auf solche Praktiken ist nicht Ziel dieser Arbeit, vielmehr betrachte ich sie als selbstverständlichen Teil des täglichen Lebens in der Sowjetunion, der sowohl die Konsumbedürfnisse befriedigen half als auch das Funktionieren des Systems ermöglichte.

Eine legale Alternative zur Warteliste war für Wohlhabende bzw. für Menschen mit Ersparnissen der Kauf eines Hauses. Wie bereits erwähnt, durfte das Grundstück selbst dabei nicht offiziell zum Gegenstand des Handels werden, und

---

209 Auch die Sprache der Bürokratie und der bürokratischen Vorgänge, wie z.B. Antragstellung, war Russisch. Von den bei der Archivrecherche gefundenen Dokumenten war nur ein verschwindend geringer Teil nicht auf Russisch verfasst, sondern auf Usbekisch oder Tadschikisch.
210 SamOGA, f. 1617, op. 1, d. 65, l. 102.
211 SamOGA, f. 26, op. 1, d. 1972, l. 25.
212 SamOGA, f. 26. op. 1, d. 1978, l. 2–5: Der Fall beschreibt eine Familie, die sich auf unterschiedlichen Wegen ganze sechs benachbarte Häuser bauen konnte.
213 Siehe dazu z.B. Ledeneva 1998 oder Ledeneva (Hg.) 2018, S. 40–46.

daher wurde in so einem Fall ein angefangenes Haus oder zumindest ein Fundament, das schon errichtet war, gekauft bzw. das Kaufobjekt derart maskiert.[214] Solche verschleierten Käufe waren den Archivquellen wie auch mündlichen Erinnerungen zufolge offenbar verbreitet und den Behörden bekannt. Diese hatten aber offensichtlich wenig Mittel, die Vorgänge intensiver zu kontrollieren oder zu unterbinden. Ein Interviewpartner, dessen Familie selbst kein Haus hatte, erzählte von der weit verbreiteten Praxis des Kaufens, wobei die in den Dokumenten festgehaltene Summe immer viel niedriger war als die tatsächlich gezahlte, weil es auch für Kaufpreise festgelegte Obergrenzen gab.[215]

Die Größe der Grundstücke variierte: Für Anfang der 1950er-Jahre sind großzügige 600 m² charakteristisch, die später, offenbar weil Land immer knapper wurde, kleiner werden und sich auf 500 bis 300 m² reduzieren. Aus diesem Grund hatten Parzellen an den zwei Seiten einer Straße häufig unterschiedliche Größe.

Mit einem positiven Zuteilungsbescheid sollte sich der Antragsteller bei der städtischen Architektur- und Planungsbehörde melden, um dort ein vorhandenes individuelles Projekt genehmigen zu lassen oder, was eher die Regel war, ein Typenprojekt zugewiesen zu bekommen. Das Typenprojekt bestand aus einem Haus mit quadratischem (ca. 10 x 10 Meter) oder rechteckigem (ca. 10 x 8 Meter) Grundriss und umfasste 2–4 Zimmer (Abb. 6). Dieser Typ bzw. seine Variationen erfreuten sich (offensichtlich mangels Alternative) großer Beliebtheit.[216] Die Projekte wurden, wie es hieß, an die „lokalen Baumaterialien und lokalen klimatischen Bedingungen" angepasst; dies bezog sich vor allem auf die Baumaterialien, nicht aber auf die Bauform (traditionelle Hofhäuser).[217] Errichtet werden sollten die Mauern, mit Ausnahme des Fundaments, aus ungebrannten Lehmziegeln, und das Gebälk sollte aus lokalen Holzarten hergestellt werden.

---

214 Dies war bei zwei der Befragten der Fall. Auf die Frage, wie denn der Kauf genau funktionierte, konnten sie keine präzise Antwort geben (mit Verweis auf ihr junges Alter zu dem Zeitpunkt) und stellten dann Vermutungen an. Für die Richtigkeit ihrer Annahmen spricht, dass in beiden Fällen eine „halbe" Parzelle bebaut war – jeweils 300 m² (Gespräch mit A.N. sowie A.O).
215 Gespräch mit A.S.
216 Babakhanov 1960, S. 33 gibt an, dass dieses Typenprojekt bereits vor dem Zweiten Weltkrieg entworfen worden war und in großer Zahl Verwendung fand. Obwohl bei individuellen Häusern fünf Zimmer erlaubt waren, betrug die Zimmerzahl bei den Typenprojekten maximal vier.
217 Betrachtet man heute die Eigenheimviertel im Satellitenbild oder auch bei Begehung, so fällt auf, dass aus den ursprünglichen „Würfelhäusern" zum großen Teil Hofhäuser geworden sind. Für eine Beschreibung der Typologie und des Wandels solcher Eigenheim-Quartiere in Taschkent siehe Gangler et al. 2006, S. 154–167.

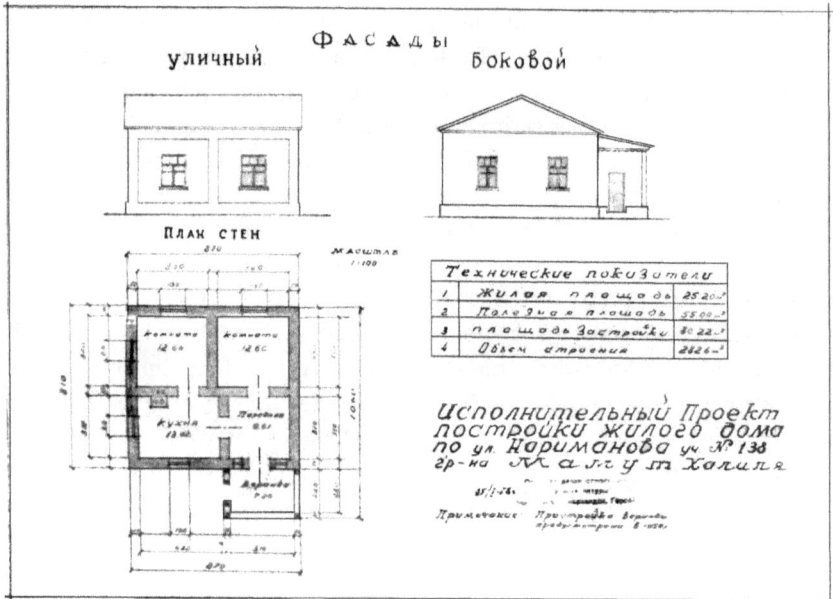

Abb. 6: Typenprojekt für ein individuelles Haus in Samarkand. Foto: Autorin, bearbeitet.

Der ökonomische Faktor dürfte bei der Wahl konventioneller Baumaterialien eine große Rolle gespielt haben, da Lehmziegel ohne industriellen Einsatz selbst hergestellt werden konnten. In Zuschnitt und Anordnung der Räume unterschieden sich die Typenprojekte nicht wesentlich von denen, die z.B. für die Belarussische SSR entworfen wurden (Abb. 7).

Die Rücksichtslosigkeit gegenüber lokalen Bautraditionen und Familienstrukturen bei der Ausarbeitung von Typenprojekten für die Städte Usbekistans war recht charakteristisch für die 1950er- und frühen 60er-Jahre. Man kann sie deuten als eine Mischung aus einerseits Ignoranz seitens der Planer und andererseits einer bewussten „zivilisatorischen" Herangehensweise, die bestimmte Arten des Wohnens als progressiv und andere als rückständig einstufte. So wurde z.B. das Vorhandensein von Fenstern und Holzfußböden und die Verwendung von neuartigen Baumaterialien in traditionellen Wohnhäusern durch sowjetische Ethnografen als Zeichen für die erfolgte „Anhebung des kulturellen Niveaus" gewertet.[218]

---

218 Zhilina 1978, S. 97–98.

Abb. 7: Typenprojekt für ein individuelles Haus, Belarussische SSR.
Quelle: publiziert auf https://su-maloetazhki.livejournal.com/150850.html

Finanzierungsmöglichkeiten

Wenn eine Finanzierungshilfe gebraucht wurde, konnte ein Antrag auf Kreditzuteilung gestellt werden. Die Stadtbewohner konnten je nach Berufsgruppe 50% bis 70% (letzteres für Ärzte) der Baukosten in Form eines Kredits finanziert bekommen. Gleichzeitig durfte die Höchstsumme nicht über 5.000 bzw. 7.000 Rubel (vor der Währungsreform von 1961) respektive 500 bzw. 700 Rubel (danach) betragen.[219] Die höchstmögliche Baukostensumme war also mit 10.000 bzw. 1000 Rubel angesetzt. Inwiefern dieser Ansatz realistisch war, ist fraglich – ein internes Informationsblatt des Präsidiums der KPdSU aus dem Jahr 1957 schätzt, dass diese Summe lediglich 20–25% der Kosten für ein „Ein-Wohnungs-Haus" (*odnokvartirnyi dom*) ausmachte.[220] Meine Gesprächspartner reagierten auf die Frage nach der Höhe des Kredits in der Regel mit Abwinken, begleitet von Bemerkungen wie der, dass es „selbstverständlich zu wenig" war. Einer der Interviewpartner, der als Jugendlicher an einem Hausbau beteiligt war, berichtete, die Familie habe auf den Kredit verzichtet, um keine Schulden anzuhäufen.[221] Die meisten anderen Gesprächspartner bestätigten, dass ihre Eltern Kredite aufgenommen hätten, zum Beispiel bei der Teefabrik, konnten sich aber an die Höhe und weitere Details nicht erinnern. Offiziellen Bestimmungen zufolge wurde für den Kredit ein Jahreszins von 2% festgelegt; der Berufsgruppe entsprechend musste der Kredit innerhalb von sieben bis zehn Jahren quartalsweise in gleichen Raten zurückgezahlt werden. Bei zu später Rückzahlung wurde ein Strafzins von 3% auf die nicht beglichene Summe erhoben. Beantragung und Vergabe von Krediten erfolgte entweder – wie oben im Fall der Teefabrik – über den Arbeitgeber oder direkt bei der Kommunalbank.[222]

Trotz der finanziellen Unterstützung ging mit einer Parzellenzuteilung nicht automatisch die Möglichkeit einher, tatsächlich ein Bauvorhaben umzusetzen. Gesundheitliche oder finanzielle Probleme konnten dazu führen, dass die Menschen die Zuteilung gar nicht nutzen konnten. Häufig wird in den Dokumenten thematisiert, dass das bürokratische Prozedere nicht bis zu Ende geführt wurde, was den Verlust des Rechts auf Bebauung nach sich ziehen konnte.[223]

Zuteilung nach Abriss

Eine eigene Kategorie der Parzellenempfänger waren die von Abriss Betroffenen. Die Gesamtzahl bzw. der Anteil dieser Fälle für den betrachteten Zeitraum lässt sich nicht genau ermitteln, doch die Häufigkeit, mit der das Thema und entspre-

---

219 Verordnung Nr. 320 des Finanzministeriums der UdSSR vom 16. Mai 1955 „Über die Festlegung von Regeln für die Kreditvergabe für individuellen Wohnungsbau seitens der Kommunalbanken und der Landwirtschaftsbank", SamOGA, f. 26, op. 1, d. 1809, l. 16–26.
220 Protokolle des Präsidiums der KPdSU, Bd. II, S. 746.
221 Gespräch mit H.K.
222 SamOGA, f. 26, op. 1, d. 1809, ll. 16–25.
223 SamOGA, f.26, op. 1, d. 1675, l. 43.

chende Zuteilungsbescheide in den Dokumenten des Stadt-Ispolkom auftauchen, erlaubt, ihre Zahl recht hoch anzusetzen. Unter den von mir befragten Menschen machen sie fast die Hälfte aus. Einige von den Geschichten möchte ich kurz schildern. Das Bemerkenswerte dabei ist, dass insbesondere im Viertel **1** die neuen Parzellen wenige hundert Meter Luftlinie von den alten Häusern entfernt zugeteilt wurden. Dies war z.B. der Fall bei Herrn Salovatov. Sein Vater hatte sich im Jahr 1951 von seinem als Bergbauarbeiter in Isfara verdienten Geld eine Haushälfte an der Karl-Marx-Straße gekauft. Doch bereits 1954 musste das Haus dem Ausbau der Straße weichen. Die Familie erhielt daraufhin eine Parzelle auf der Michurin-Straße.[224] Drei weitere Beispiele deuten auf eine Umsiedlung von mehreren Familien, die in kleinen Gehöften um die heutige Gagarin-Straße wohnten. Als Toponym vor allem für die Gegend um die Kreuzung Gagarin-/Mirzo Ulughbek (damals Karl-Marx)-Straße ist die persischsprachige Bezeichnung *Boghi-Shamol* gebräuchlich. Drei von den Personen, die ich befragt habe, lebten dort mit ihren Familien und gehören der Volksgruppe der *Eroni* an.[225] Sie hatten Häuser und Gärten, teilweise als Teil der Kolchose, bevor der Abriss erfolgte. Ihre neuen Häuser stehen nun weniger als ein Kilometer von den alten entfernt.[226]

Theoretisch konnten Menschen zur Kompensation nach Abriss statt eines Grundstücks eine der so genannten „sanitären Norm" von 9 m² pro Person entsprechende Wohnung bekommen. Doch in den 1950er-Jahren, bevor der Massenwohnungsbau einsetzte, war dies für Samarkand praktisch gar nicht möglich. Auch später, in den 1960ern, entschieden sich viele für ein Haus mit einen Stück Land, sei es weil die standardisierten 2- oder 3-Zimmer-Wohnungen zu klein waren für die großen Familien, oder auch wegen der Möglichkeit, auf dem Grundstück etwas anzubauen oder kleine Tiere wie Hühner, Schafe oder gar Schweine zu halten,[227] was ebenfalls Bedeutung für die wirtschaftliche Lage der Familie hatte. Auf die Frage, wieso sie keine Wohnung wollten, antworteten fast alle, dass es „auf dem Boden" (*na zemle*) besser sei. Und natürlich dürfen wir nicht vergessen, dass ein Haus mit begrüntem und schattigem Innenhof viel angenehmere mikroklimatische Eigenschaften für die langen heißen Sommermonate hatte als eine Wohnung in einem Plattenbau. In den traditionellen Hofhäusern wird der Innenhof als erweitertes Wohn- bzw. Aufenthaltsraum für die warme

---

224 Gespräch mit Herrn Salovatov (Klarname und Verzicht auf Tonaufnahme auf ausdrücklichen Wunsch des Interviewpartners).

225 In Samarkand gab es mehrere Eroni-Siedlungen; eine davon – *Panjob* – existiert noch heute, von der Stadt längst verschluckt.

226 Zur Orientierung siehe Abb. 8.

227 Die Frau von Herrn Salovatov berichtete, dass ihre Familie, die seit 1958 ebenfalls im Viertel 1 wohnte, ihr Einkommen durch eine kleine Schweinezucht aufbesserte.

Jahreszeit benutzt – damit konnte auch der geringe überdachte Wohnraum ausgeglichen werden.[228] Insbesondere für lokale, alt-einheimische tadschikisch- und usbekischsprachige Familien[229] war das Vorhandensein bzw. die Möglichkeiten für den Anbau eines Empfangs- oder Gästezimmers wichtig, wo man Besuch empfangen konnte, ohne den Rest des Haushaltes zur Schau stellen zu müssen.[230]

Bei einem Abriss stand den Bewohnern neben einem Grundstück auch eine Kompensationszahlung im Wert ihres alten Hauses zu. Bestimmt wurde dieser Wert durch eine Kommission, die nach existierenden Tarifen abzüglich eines Verschleißkoeffizienten die Entschädigung festlegte. Die Zahlungen bezogen sich auf die offiziell festgelegten Preise für das Baumaterial, die allerdings offenbar weit unter den realen Preisen lagen, was die Betroffenen in eine schwierige Lage brachte. Eine solche Situation schildern im Jahr 1963 mehrere von Abriss betroffene Einwohner der Altstadt in einem Beschwerdebrief an Leonid Brezhnev, der damals Vorsitzender des Präsidiums des Obersten Sowjets der UdSSR und damit das formelle Oberhaupt des Staates war.[231] Bezeichnend ist, dass die Bittsteller dabei nicht das Bauvorhaben und die Umgestaltung der Stadt hinterfragen oder kritisieren, sie loben es sogar als ein Zeichen des „politisch-kulturellen und wirtschaftlichen Wachstums". Sie fordern aber eine vernünftige Entschädigung oder Erstattung, die ihnen ermöglichen würde, einen den „Familienbedingungen entsprechenden" Wohnraum für sich selbst neu aufzubauen. Eine Reaktion darauf liegt der Akte in Form eines Telegramms bei. Darin wird angeordnet, die Möglichkeit zu prüfen, den Betroffenen Baumaterial zu staatslimitierten Preisen[232] zur Verfügung zu stellen. Ob die Beschwerde letztlich zu Gunsten der Verfasser des Briefs ausgegangen ist, lässt sich leider nicht nachvollziehen; der Vorgang illustriert jedenfalls die verbreitete Praxis der Beschwerdebriefe „nach oben", d.h. an sehr hohe Instanzen. Dies war häufig das letzte Mittel und auch

---

228 Diese Beobachtungen haben auch Architekten von TashZNIIEP gemacht, und versucht in experimentellen Projekten umzusetzen (Kontorer 1971, S. 35); Michail Rywkin relativierte damit die im unionsweiten Vergleich geringe durchschnittliche Wohnfläche pro Person, da die offiziellen Zählungen nur den überdachten Wohnraum rechneten (Rywkin 1989, 40).

229 Damit meine ich diejenigen Familien oder deren Vorfahren, die vor der russischen Eroberung oder der Oktoberrevolution in Samarkand gelebt haben.

230 Dieses Bedürfnis, so scheint es, war vielen Architekten und vor allem denjenigen, die sich nicht mit lokalen Traditionen auskannten (weil sie entweder in einer russischsprachigen Umgebung aufgewachsen waren, oder aus anderen Teilen der Sowjetunion in die Republik gekommen waren) lange Zeit nicht bewusst. Der Architekt Pulatov versuchte seine Kollegen in dieser Hinsicht aufzuklären (Pulatov 1971, S. 17–19).

231 SamOGA, f. 26, op. 1, d. 2526, l. 42–44.

232 D.h. zu Preisen für die staatlichen Organisationen und Betriebe, die niedriger waren als die in staatlichen Verkaufsstellen für Verbraucher angesetzten.

die letzte Hoffnung, die als ungerecht empfundene Behandlung seitens der lokalen Behörden zu beenden und das eigene Anliegen durchzusetzen.

In diesem Beschwerdebrief wird noch ein anderes Problem angemahnt: die Jahreszeit, zu der die Häuser abgerissen und mit dem Bau der neuen angefangen werden sollte. Offenbar waren die Betroffenen mit der Situation konfrontiert, den Bau in den Herbstmonaten vollenden zu müssen, um für den Winter ein Dach über dem Kopf zu haben – ihren Schilderungen zufolge ein unrealistisches Vorhaben, da allein die Herstellung der Ziegel mindestens einen Monat dauert und diese im Herbst nicht gut austrocknen können. Daraus ein Haus zu bauen, würde ein Leben in feuchten Räumen bedeuten und bei den Bewohnern zu Krankheiten führen. Eine Reaktion darauf bleibt uns verschlossen, aber der Vorgang weist uns auf die Unsicherheit und die Mühen hin, die von Abriss Betroffene ertragen mussten.

Der bereits erwähnte Herr Salovatov berichtete davon, dass er mit seiner vierköpfigen Familie einen Winter lang ein Zimmer bei Nachbarn mieten musste, weil das Haus noch nicht fertig war. Nach der regulären Zuteilung aus der Warteliste standen die Menschen nämlich häufig vor der Situation, die von ihnen bisher bewohnten staatlichen Wohnungen schnell verlassen zu müssen, da der Staat den Wohnraum frei haben wollte.[233] Da aber der Bau in der Regel noch gar nicht begonnen hatte bzw. zumindest nicht vollendet war, mussten die Betroffenen ein provisorisches Dach über dem Kopf finden. Das stellte zusätzliche Strapazen dar, wie das Wohnen in temporären Hütten (*vremyanki*) oder die Anmietung eines Zimmers, oder es erforderte, einen bürokratischen Kampf zu führen, damit man vorerst noch in der staatlichen Wohnung bleiben konnte.

Das Bauen

Der Bauprozess gestaltete sich nach übereinstimmenden Erinnerungen sehr langsam. In der Regel versuchten die Menschen, möglichst schnell, vorzugsweise während der Sommermonate, den Rohbau mit einem Zimmer fertig zu bekommen, in dem die Familie wohnen konnte. Der Rest wurde je nach Möglichkeiten nach und nach, häufig über mehrere Jahre hinweg, fertiggestellt, aus- oder umgebaut. Der Vertrag, der bei einer Parzellenzuteilung abgeschlossen wurde, enthielt Auflagen bezüglich Fristen, zu denen bestimmte Bauvorgänge abgeschlossen werden sollten. Er nahm offenbar auch Rücksicht auf die langsame Geschwindig-

---

233 SamOGA, f. 26, op. 1, d. 1972, l. 43.

keit – insgesamt gewährte der Vertrag drei Jahre für die komplette Fertigstellung.[234] Demnach musste im ersten Jahr das Fundament gelegt werden, im zweiten Jahr mussten mindestens 50 Prozent des Baus fertiggestellt werden, und zum Ende des dritten Jahres sollte der Bau abgeschlossen sein. Im Anschluss sollte er von einer Kommission abgenommen werden.

Neben den finanziellen Einschränkungen stellte die Knappheit bestimmter Baumaterialien, vor allem von Holz und gebrannten Ziegeln, die häufig für das Fundament verwendet wurden, ein großes Problem dar. So gab es zum Beispiel Einschränkungen in Bezug auf die Stückzahl (2.000) der Backsteine, die pro Jahr gekauft werden durften; auch für den Kauf von Holz musste eine spezielle Genehmigung besorgt werden. Der Arbeitgeber bestätigte den wirklichen Bedarf und es existierten Kontrollen, die die Einhaltung der Vorgaben und die Rechtmäßigkeit des Erwerbs überprüften. Einige der Informanten erinnerten sich, dass es bei ihren Eltern Kontrollen gab, bei denen die Quittungen für das gekaufte Baumaterial überprüft wurden, weshalb sie diese für den Fall einer Kontrolle noch jahrelang aufbewahrten. Angesichts des Mangels an Baumaterial sollten Bauteile aus den abgerissenen Häusern – vor allem Holzbalken – wiederverwendet werden,[235] ihre Mitnahme war offiziell erlaubt.[236] Bestimmte Kontingente an Baustoffen wurden über die Arbeitsstellen verkauft, vorausgesetzt deren Leitung bemühte sich, sie zu besorgen. In der Regel waren das Betriebe, die bereits für ihre Mitarbeiter Grundstücke bekommen hatten. Bestimmte Personenkategorien wie Kriegsveteranen, Militärs usw. erhielten Vergünstigungen.

Das hauptsächliche Baumaterial für die Hauswände – Lehm für ungebrannte Lehmziegel – war praktisch überall verfügbar. Den Lehm hoben die Menschen häufig gleich auf dem eigenen Grundstück aus, die Ziegel wurden unter Beihilfe von Nachbarn oder Verwandten selbst hergestellt oder es wurden dafür Arbeiter bezahlt. Nach Berichten kosteten 1000 ungebrannte Lehmziegel in den 1970er-Jahren nur 14 Rubel (ein günstiger Preis gegenüber 120 Rubel für dieselbe Menge von industriell hergestellten Backsteinen), was diese Art des Bauens erschwinglich machte.

Je nach Fähigkeiten und finanziellen Möglichkeiten und je nach dem, wie komplex bzw. aufwändig die Arbeiten waren, führten die Menschen diese selbst aus oder engagierten Baumeister – letzteres z.B. für den Bau von Dach oder Fundament. Andere bezahlten privat organisierte Baubrigaden. In den beschriebe-

---

234 SamOGA, f. 1658, op. 1, d. 376, l. 29–30.
235 Babakhanov 1960, S. 25.
236 SamOGA, f. 1617, op. 1, d. 136, l. 55–57.

nen Jahren scheint Samarkand einer einzigen Baustelle geglichen zu haben, sodass leicht vorzustellen ist, dass Bauarbeiter oder einfach bautechnisch erfah-
rene Bürger sich in dieser Weise zusammenschlossen, um etwas dazuzuverdie-
nen. Ebenso entwickelt war das System der Tagelöhner (*mardikor*). Dazu kam
Hilfe von Freunden bzw. Verwandten oder „Landsleuten",[237] auch im Sinne der
bereits angesprochenen Form der Nachbarschaftshilfe *hashar*.

In den Berichten des Stadt-Ispolkom findet man in regelmäßigen Abständen
Kritik und Klagen über die unzureichende Kontrolle über den Bauvorgang. Offenbar hielten sich nicht alle Bauherren an die festgelegte Norm (9 m^2 pro Person),
sondern bauten größere Häuser, oder sie umgingen die Regeln auf andere Art.
Den Erinnerungen der Privatpersonen zufolge schwankte die Strenge der Kontrollen tatsächlich sehr und bezog sich vor allem auf die zur Straße zeigende
Hausfront. Auch heute noch erkennt man teilweise die Häuser aus dieser Zeit an
der bestimmten Fenstergröße und an der Traufhöhe.

Abb. 8: Ein Typenhaus heute in Viertel 1. Foto: Autorin.

Im Inneren der Parzelle existierte offenbar viel mehr Freiheit, was Anbauten
betraf, sodass viele die Wohnfläche der standardmäßig nicht sehr großen Typen-
häuser erweiterten. In der Theorie bedurften solche Erweiterungen einer vor-

---

237 Dies galt z.B. für die Gruppe der Krimtataren, eine 1944 von der Krim in die sowjetischen
Zentralasienrepubliken deportierte turksprachige Gruppe.

herigen Genehmigung durch die Bauabteilung des Stadt-Ispolkom. Zahlreiche Anbaugenehmigungen zeigen aber, dass es kein großes Problem darstellte, solche rückwirkend zu erhalten, da die „Verbesserung der Wohnsituation" für Familien mit beachtlicher Größe von 5–10 Mitgliedern stets als gewichtiger und legitimer Grund galt.[238] All das zeugt von einer relativ großen Autonomie, die die Menschen genossen, wenn sie innerhalb des vorgegebenen Rahmens verblieben.

Die Infrastruktur im privaten Sektor

Da die Parzellen in den Vierteln in der Regel etappenweise vergeben wurden, standen die neuen Häuser häufig zuerst buchstäblich am Feldrand, der womöglich erst einige Jahre später in Bauland umgewandelt wurde. Ohne Ausnahme erinnerten sich alle Gesprächspartner an „Obstgärten, Weinreben und Felder" bzw. an Gehöfte, die die neuen Häuser umgaben bzw. noch kurz davor an deren Stelle standen.

Auch bedeutete die Fertigstellung eines Hauses keine Garantie für eine umgebende Infrastruktur. Elektrischer Strom war nicht immer sofort verfügbar, blieb dann aber lange Zeit die einzige infrastrukturelle Versorgung überhaupt, die die Stadt zur Verfügung stellte. Wasser mussten sich die Bewohner die ersten Jahre an öffentlichen Wasserpumpen oder aus den Bewässerungsgräben besorgen. Gasleitungen wurden erst ab Mitte der 1960er-Jahre gelegt, während die Kanalisation erst Jahrzehnte später gebaut wurde, wenn überhaupt. So ließen die Einwohner der ehemaligen Michurin-Straße im Viertel 1 selbst durch eigene Investitionen Mitte der 1980er-Jahre einen Anschluss an die städtische Kanalisation bauen: „Dies von der Stadt zu erwarten war vergebens, da der private Sektor für die Stadt sowieso keine Priorität hatte", erklärte mir eine Hausbesitzerin.[239] Die Bewohner im Viertel 2 bekamen den Anschluss an das städtische Abwassersystem erst ein bis zwei Jahre vor unseren Gesprächen.

Viel Unmut und Frust in konzentrierter Form über die chaotischen Zustände und die Unfähigkeit der Stadtverwaltung, grundlegende Infrastruktur in den neu entstehenden Vierteln zu organisieren, enthält das Protokoll einer großen Einwohnerversammlung von 323 Teilnehmenden mit einem Stadtratsabgeordneten

---

238 SamOGA, f. 1658, op. 2, d. 109, l. 17–39.
239 Gespräch mit Familie Salovatov.

vom 19. August 1958 im Bezirk der ehemaligen Lermontov-Straße, heute Oga-hiy.[240] Die Einwohner kritisieren in recht harschem Ton viele Mängel und Ver-säumnisse seitens der städtischen Behörden: dass Straßen und Zufahrten fehl-ten, dass Bewässerungsgräben falsch und nicht vollständig angelegt waren, was Überflutungen bei manchen Häusern verursachte, dass jegliche Einkaufs- und Kinderbetreuungsmöglichkeit fehlte, und schließlich die Korruptheit und Untä-tigkeit der Kontrollinstanzen. So beschweren sich die Bewohner, dass sie bereits seit zwei Jahren auf die von der Stadt versprochene Wasserleitung und auf die Einrichtung eines Lebensmittelladens warten. Andere klagen über verwirrende und sich teilweise doppelnde Straßenbenennung im Viertel. Mehrere Sprecher nennen korrupte Kontrolleure bzw. Mitarbeiter der städtischen Behörden, die extra Gelder von den Einwohnern sammeln, die Arbeit aber trotzdem nicht erle-digen würden. Offenbar waren solche Treffen mit einem Abgeordneten eine Sel-tenheit, und vermutlich noch seltener standen die Verantwortlichen der jeweili-gen Stadtwirtschaftsbereiche Rede und Antwort, da solche Treffen ebenfalls ge-fordert wurden.[241]

Gleichzeitig wurden die Einwohner für das gute Aussehen der Straße vor ih-rer Haustür verantwortlich gemacht. Sie sollten Wege und Gräben reinigen, die Fassaden streichen und für Straßenbeleuchtung sorgen. Herr Salovatov erinnerte sich, dass die Hausbesitzer von der Stadt junge Bäume und anderes Material für Begrünung bekamen und diese in ihrem Viertel entlang der Straße unter Aufsicht pflanzen mussten. Eine große Rolle bei der Organisation von Aktionen wie den *subbotniki* (große gemeinsame Aufräumarbeiten im Viertel, die traditionsgemäß an Samstagen stattfanden) wurde in aller Regel von einer speziellen Struktur, den so genannten Quartalskomitees oder *mahalla*-Komitees, übernommen. Dies war ein aus Mitgliedern der Nachbarschaft gewähltes Organ, dessen Befugnisse und Funktionen von einem praktischen Bindeglied zwischen Stadtverwaltung und den im Viertel lebenden Menschen bis hin zu einem Organ der ideologischen Arbeit reichten und das sich im Laufe der Jahre wandelte.[242] Aus dem Protokoll einer Versammlung des Komitees mit den Einwohnern, die am 9. August 1958 stattfand, wird deutlich, dass das Komitee auch mit dem Einziehen von Steuern beauftragt[243] und für die Organisation der *blagoustroistvo*-Arbeiten im Viertel ver-antwortlich war.[244]

---

240 SamOGA, f. 26, op. 1, d. 2057, l. 6–12.

241 SamOGA, f. 26, op. 1, d. 2057, l. 6–12.

242 Für einen Überblick über die Entwicklung der *mahalla*-Komitees siehe Abashin 2011.

243 Laut Abashin fiel diese Aufgabe ab dem Jahr 1961 weg.

244 SamOGA, f. 26, op. 1, d. 2057, l. 40–43.

Soziale Struktur im *chastnyi*-Sektor – ein Leben „Nah am Boden"?

Nach der Schilderung der Bedingungen, vor denen die individuellen Bauherren standen bzw. in die sie hineingezwungen wurden, stellt sich die Frage nach den sozialen Hintergründen und Voraussetzungen, die ein Mensch oder eine Familie erfüllen musste, um sich der Aufgabe eines Hausbaus zu stellen. Mit meiner Forschung kann ich nicht den Anspruch erheben, eine repräsentative Antwort zu geben; die Beobachtungen sowie Fremd- und Selbstbeschreibungen lassen dennoch einige Vermutungen zu.

Die Richtlinien für die Vergabe der Parzellen enthielten eindeutige Hinweise, nach denen Antragsteller aus der Arbeiterklasse, also Mitarbeiter von Fabriken und industriellen Betrieben, zu bevorzugen waren.[245] Einige der aufgefundenen Zuteilungslisten enthalten auch die Beschäftigungsbezeichnungen der Antragsteller, deren Bandbreite recht groß ist. In einem Beispiel aus dem Jahr 1957 sind in einer Zuteilungsliste 20 Personen aufgeführt, deren Berufe von Hilfsarbeiter und Putz- oder Pflegekraft bis Direktor einer Großmolkerei, Ingenieur und Bibliotheksverwalter reichen. Eine eigene Kategorie, da extra begünstigt ist, bilden in der Regel Kriegsinvalide und Reserveoffiziere.[246] Die Tätigkeiten, die als einfache Arbeiter- oder Dienstleistungsberufe kategorisiert werden können, scheinen in den mir vorliegenden Beispielen leicht in der Mehrheit zu sein. Auch hatten unter den von mir befragten Hausbesitzern bzw. bei ihren Eltern nur zwei einen akademischen Abschluss; beim Rest handelte es sich um Tischler, Taxifahrer, Fabrikangestellte, Kolchos-Mitglieder oder Buchhalter – alles Berufsgruppen, deren offizielles Einkommen nicht hoch war. So betrug z.B. im Jahr 1968 der Monatslohn eines Buchhalters 80 Rubel pro Monat[247] und in den Berufen der Kommunalwirtschaft oder im medizinischen Dienst waren es zwischen 70 und 80 Rubel.[248]

Damit wird deutlich, dass Eigenheimbau in Samarkand kein alleiniges Privileg der Eliten bzw. Gruppen aus der höheren Einkommensschicht war, zumindest nicht nach offiziellem Einkommen betrachtet. Es stellt sich aber die Frage, wie die kosten- und arbeitsintensive Aufgabe eines Hausbaus bewältigt werden konnte, wenn man die Preise für das Baumaterial bedenkt und einbezieht, dass

---

245 Andrusz 1984, S. 72.
246 SamOGA, f. 26, op. 1, d. 1972, l. 25–26.
247 SamOGA, f. 1617, op. 1, d. 254, l. 60.
248 Lubin 1984, S. 176.

die Häuser nicht beliebig (billig), sondern nach einem Typenprojekt gebaut werden sollten und alles zumindest theoretisch einer Kontrolle unterlag.

Anhand der Beobachtungen, die ich im Laufe der Forschung machen konnte, wird deutlich, dass unterschiedliche Voraussetzungen erfüllt sein mussten. Eine davon ist offensichtlich ein gewisses Mindestmaß an handwerklichem Können bzw. entsprechender Begabung. Bereits in der Gesetzgebung zum individuellen Wohnungsbau war vorgesehen, dass zusätzlich zu den Mitteln aus dem Kredit (die offiziell maximal 70 Prozent, in Wirklichkeit aber, wie oben besprochen, offenbar nur ein Viertel der Ausgaben deckten) die Arbeitskraft des Eigenheimbauers und seiner Familie zum Einsatz kommen sollte. Menschen mit handwerklichen Berufen wie Tischler, Schlosser, Bauarbeiter waren hier natürlich im Vorteil. Doch das alleine hätte nicht ausgereicht. Einer der Gesprächspartner, kein Haus-, sondern ein Wohnungseigentümer, kommentierte das Fehlen eines eigenen Hauses in seiner Familie so:

> [...] Menschen mit Berufen, die nah am Boden (*blizhe k zemle*) waren, konnten so was machen [d.h. ein Haus bauen]. Und stell dir vor, ein Lehrer, Dozent oder mein Vater – er kam als Aspirant an das Institut für Karakulschafzucht nach Samarkand, vier Kinder, Mietwohnung in der Altstadt, mit einem Lohn von 100 Rubel – der würde doch so was nicht machen, er hat auf eine Wohnung gewartet, Briefe geschrieben [...][249]

Mit diesem Zitat sprach mein Interviewpartner gleich zwei zentrale Momente an. Zum einen deutet er hier eine wichtige Voraussetzung an, die seinem Vater als nicht–Einheimischem fehlte: ein Netzwerk an Verwandten, Freunden oder Landsleuten, das mit Finanzen und vor allem mit Arbeitskraft oder Kontakten helfen konnte. Der Einsatz der gesamten Familie und/oder der Gemeinschaft wurde von mehreren Gesprächspartnern betont. Die Fähigkeit, diese zu mobilisieren, war zusammen mit einer gewissen Umtriebigkeit von Vorteil bzw. von Nöten, um an Baumaterial und zusätzliches Geld zu gelangen, damit zum Beispiel auch Bauarbeiter bezahlt werden konnten. So hielt eine Familie Schweine, die dann an eine Großfleischerei verkauft wurden. Der Stiefvater einer anderen Interviewpartnerin war Frisör und hatte damit offenbar einen auskömmlichen nicht offiziellen Zuverdienst, sodass „dadurch das Haus fertig gebaut werden konnte".[250]

Ein anderer Gesprächspartner – der älteste von allen und der einzige, der noch selbst, nämlich als 16-jähriger, an seinem Haus mitgebaut hatte – war früh bestrebt, den offenbar sehr lukrativen Job eines Taxifahrers zu bekommen, was

249 Gespräch mit A.S.
250 Gespräch mit S. Av.

ihm zufolge ohne Beziehungen oder Bestechung nicht möglich war. Als er die Stelle letztlich erlangt hatte, konnte er einiges über den offiziellen Lohn hinaus verdienen und seinen Hausbau finanzieren.[251]

Es sind nur wenige Beispiele; sie machen aber deutlich, dass ein Beruf, bei dem Menschen ihr Handwerk entweder direkt für den Bauprozess einsetzen oder als Dienstleistung privat gegen Geld oder andere Leistung anbieten konnten, sehr hilfreich war, um die nötigen Ressourcen für den Hausbau zusammenzutragen. Der zusätzliche Verdienst spielte in der sogenannten *second economy*, der Schattenwirtschaft des sowjetischen Usbekistans, in der Tat eine große Rolle und überstieg häufig die offiziellen Löhne um ein Vielfaches.[252]

Das zweite Moment, das ich an dem oben angeführten Zitat für wichtig erachte, ist die Metapher ‚dem Boden nah sein' (*byt' blizhe k zemle*). Die Bedeutung kann vielfältig interpretiert werden – „bodenständig" sein, „handwerklich begabt", auch „alltagstauglich" oder „überlebensfähig".[253] Die Metapher erfasst gut das Spektrum der Anforderungen, die ein Hausbau an eine Person bzw. Familie stellte. Die Bodenständigkeit als Metapher, die in dem Zitat als eine Kategorie der sozialen Zugehörigkeit benutzt wird, fügt sich zu der praktischen Bodenständigkeit. Der andere, ähnlich klingende Ausdruck *zhit' na zemle* ‚auf dem Boden leben' begegnete mir in unterschiedlichen Formen – sowohl als ein ausdrücklicher Wunsch der Menschen selbst oder als eine kritische Beschreibung von Behördenvertretern die die Popularität dieser Wohnform als „Neigung der Lokalbevölkerung zum Boden" – *tyaga k zemle* beschrieben haben.[254] Der individuelle Hausbau in Samarkand scheint eine Verkörperung von zum Teil artikulierter Haltung zu sein, die von den Behörden auch als solche verstanden wurde und sich im Laufe der Jahre immer wieder in unterschiedlichen Formen durchsetzen konnte.

Eine weitere Rolle beim Bau der Häuser dürfte die Solidarität von Landsleuten unter den Zugewanderten bzw. Deportierten oder bei den bestehenden ethnischen Gruppen gespielt haben. Die Rede ist hier vor allem von drei Gruppen: Armenier, Krimtataren und Eroni in Samarkand.[255] So tragen (bzw. trugen) einzelne

---

251 Gespräch mit H.K.

252 Lubin 1984, S. 171–199.

253 Man kann in diesem Spruch durchaus eine wertende Konnotation sehen, doch ich möchte mich hier nicht in die vielen Metaebenen der Bedeutung versteigen.

254 SamOGA f. 1658, op. 2, d. 146, l. 6–8. Siehe Kapitel 4, die Kritik des Leiters der städtischen Architektur-behörde an der Politik der Landzuteilung.

255 Zur Geschichte der Krimtataren und ihrer Deportation im Zweiten Weltkrieg nach Zentralasien siehe z.B. Williams 2001, S. 374 ff.; über die Armenier von Samarkand siehe Nazaryan 2007; zur Geschichte der Eroni („Iraner") in Samarkand siehe z.B. Tokhtiev 2012. Zum Überblick über die Minderheiten, die in der Altstadt von Samarkand lebten und leben, siehe Buttino 2015.

Abschnitte des Großareals von Viertel **1** inoffizielle Toponyme wie „armenische Siedlung" (*armyanskii posyolok*) oder „iranisches Dorf" (*iran-kishlak*). Sie sind offensichtlich nach ihren Einwohnern benannt. Das Leben dieser Gemeinschaften (die heute durch Wegzug ihrer Mitglieder, vor allem im Falle der Krimtataren und Armenier, nicht mehr in dieser Form existieren) stellt ein spannendes, aber eigenes Forschungsthema dar, das hier nur angerissen werden kann. Die Gründe und Mechanismen des Zustandekommens einer solchen kompakten Siedlungsweise waren offenbar je nach Gruppe unterschiedlich.

Die Höfe der Befragten, die sich als Eroni bezeichneten, standen nach Eigenaussage locker in der Gegend verteilt, getrennt durch weitläufige Gärten. Nach dem Abriss bekamen teilweise verwandte Familien eng beieinander liegende Parzellen zugeteilt. Bei Armeniern und Krimtataren gab es das bewusste Bestreben bei der Antragstellung, zusammenhängende Parzellen zu erhalten, was auch den Wünschen der Stadtverwaltung entgegenkam.[256] Gleichzeitig hatten viele von ihnen handwerkliche Berufen wie Frisör, Schlosser usw. Ein Vertreter der krimtatarischen Minderheit sagte mit Stolz: „Wir Krimtataren sind ja alle Handwerker – wir konnten alles selber machen, Fußboden, Decke, Putz, Ofen, alles, und es hält immer noch."[257]

Ob Bauvorhaben als Ersatz für bereits existierende Häuser oder nach einem Antrag – die meisten Bauherren waren schon mit dieser Lebensform vertraut, was ihnen sicherlich half, mit den entstehenden Aufgaben umzugehen. Dazu kam die Bereitschaft, über lange Zeit so unkomfortable Bedingungen in Kauf zu nehmen wie das Wohnen auf einer Baustelle, das Fehlen von Wasserleitung und Kanalisation und den Umgang mit vielen anderen Provisorien. Die herrschende Wohnungsnot ließ gleichzeitig nicht viele Alternativen zu, außer der des Wartens auf eine staatliche Wohnung. Trotz allen Widrigkeiten war die Nachfrage so groß, dass die Stadt sie nicht befriedigen konnte, was Tür und Tor für unkontrollierte Bebauung öffnete.

---

256 Gespräch mit J.O.
257 Gespräch mit T.T.

5 Bauen wider den Plan

Bisher wurde vor allem die reguläre Seite des individuellen Bauwesens in Samarkand besprochen. In der Stadt wurden allerdings auch im großen Umfang eigenmächtig, also ohne Genehmigung, individuelle Häuser gebaut. Das Phänomen war in der gesamten Sowjetunion verbreitet,[258] wurde mit wechselnder Intensität und ebensolchem Erfolg bekämpft und hat, wie im Falle von Samarkand sichtbar, deutliche Spuren in der Stadtlandschaft hinterlassen.

Samovol'noe stroitel'stvo – die „eigenmächtige Bautätigkeit"

Zuerst eine Bemerkung zur Begriffswahl. Bei dieser Form des Wohnungsbaus handelte es sich de facto um illegales bzw. semi-legales Bauen auf einem angeeigneten Stück Land. In den aufgefundenen Dokumenten und Gesetzen wird die Bezeichnung „illegal" (*nelegal'no)* allerdings nicht verwendet, manchmal taucht „gesetzeswidrig" (*nezakonnyi)* auf; der fest etablierte und am meisten benutzte Begriff war „eigenmächtige Bautätigkeit" (*samovol'noe stroitel'stvo),* den ich in meinen Ausführungen übernehme.

Grundsätzlich kann man den unerlaubten Hausbau in zwei Kategorien unterteilen: einerseits das eigenmächtige Bauen auf individuell angeeigneten Flächen in der Stadt und andererseits das Bauen von Häusern auf dem Land der umliegenden Kolchosen, das durch deren Führung trotz vehementen Widerspruchs der Stadt genehmigt wurde. Genau diese Kategorisierung wurde durch die städtischen Behörden von Samarkand vorgenommen. In der Regel werden in den Dokumenten beide Formen zusammen behandelt. Mir erscheint die Unterteilung dennoch sinnvoll, um beiden Aspekten genügend Raum zu geben. Die zweite Kategorie und den Konflikt, der durch diese Praxis mehrere Jahre lang die Beziehungen zwischen Stadt und Kolchosen prägte, werde ich im nachfolgenden Unterkapitel beschreiben und den Einfluss des Phänomens auf die Stadtstruktur aufzeigen.

In den Archivdokumenten des Samarkander Ispolkom (zum Zeitraum der 1950er- und 60er-Jahre) taucht das Thema gleich zu Beginn der 1950er-Jahre auf. Die Anordnung des Ministerrates der UzSSR Nr. 1695 aus dem Jahr 1951 trägt den

---

258 Andrusz 1984, S. 99, 106.

langen Titel „Über die Fakten des Verstoßes gegen den Erlass des SovNarKom der UzSSR vom 16. Dezember 1940 ‚Über die Maßnahmen zur Bekämpfung der eigenmächtigen Bautätigkeit in den Städten, Arbeitssiedlungen und Gebietszentren'" und schildert folgende Praxis:

> [...] häufig wenden sich Bürger, die eigenmächtig Häuser gebaut haben, an Volksgerichte mit Klagen auf Anerkennung des Rechts auf persönliches Eigentum für die von ihnen errichteten Häuser. Dabei weisen sie Bescheinigungen von städtischen Kommunalwirtschaften und sogar von Büros für Technische Veränderungen (*Byuro Tekhnicheskikh Izmenenij* - BTI) nach, die bestätigen, dass das Haus tatsächlich vom Kläger errichtet worden ist oder dass es ihm gehört und auf eine bestimmte Summe geschätzt wurde. Diese Bescheinigungen erteilen die Organe der Kommunalwirtschaft und des BTI ihrerseits auf Grundlage von Bescheinigungen der Mahalla- bzw. Quartalskomitees.
> Auf Grundlage dieser Bescheinigungen erkennen Volksgerichte die Eigentumsansprüche an und unternehmen nichts gegen die eigenmächtigen Handlungen, was bei staatlichen Baumaßnahmen dazu führt, dass Entschädigungen gezahlt werden müssen, womit dem Staat Schaden entsteht.[259]

Das Dokument macht eine Gesetzeslücke deutlich, die sich Bürger zunutze machen konnten, und nennt vier Fälle aus Samarkand mit konkreten Personennamen als Beispiele. Nach der Schilderung der Fälle wird das Ausstellen der entsprechenden Bescheinigungen durch die Organe der Kommunalwirtschaft ausdrücklich verboten und dem Justizministerium wird empfohlen, die Volksgerichte entsprechend anzuweisen. Doch damit war das Problem noch lange nicht aus der Welt, vielmehr wird hier das Phänomen zum ersten Mal in Samarkand belegbar. Auf Allunionsebene wird das Phänomen erst ab Mitte der 1950er-Jahre als Problem wahrgenommen – zumindest lässt sich der im Jahr 1954 zum ersten Mal seit 1940 novellierte Erlass „Über die Bekämpfung der eigenmächtigen Bautätigkeit" dahingehend deuten.[260]

Die nächste Erwähnung von eigenmächtiger Bautätigkeit konnte ich im Archiv von Samarkand für das Jahr 1956 finden. Der Gebiets-Ispolkom zählt zu dieser Zeit in der Stadt 212 eigenmächtig gebaute Häuser. Als Ursache für diese Fülle wird eine „zu liberale" Einstellung der lokalen Verwaltung gegenüber den eigenmächtigen Bauherren genannt. Beklagt werden in dem Dokument vor allem die

---

259 SamOGA, f. 26, op. 1, d. 1406, l. 15.
260 Erlass des SNK vom 22.05.1940. Die Novellierung bestand in der Streichung eines Punktes zur Registrierung, also dem *propiska*-Recht (das die Bevölkerungsmobilität kontrollieren und den Zuzug in die Städte regeln sollte), und einer Ermahnung, systematische Kontrollen und den Kampf gegen die eigenmächtige Bautätigkeit „auf allen Ebenen" fortzusetzen.

entgangenen Steuereinnahmen; weiters wird angeordnet, die Häuser schnellst-
möglich zu registrieren und zu schätzen, um die Besitzer besteuern zu können.
Weitere strafende Maßnahmen werden nicht gefordert.[261] Zwei Faktoren können
diese recht liberale Einstellung erklären: Erstens erlaubte die geltende Rechts-
lage die Legalisierung von eigenmächtig gebauten Häusern, wenn von ihnen
keine Gefahr für Leib und Leben ausging und wenn sie nicht gegen die staatlichen Bebauungspläne verstießen. Zweitens erscheint die Toleranz gegenüber
Bauinitiativen seitens der Bevölkerung durch den Wohnungsnotstand, der nach
dem Krieg herrschte, nachvollziehbar. Mark Smith betont in diesem Kontext,
dass der auf den Zweiten Weltkrieg folgende Wiederaufbau den Bestand an privatem Wohneigentum in der UdSSR vergrößerte und gleichzeitig die politische
Toleranz gegenüber dem Phänomen erhöhte, da viele Menschen dies als einen
Ausgleich oder als verdiente Belohnung nach den Leiden und Strapazen des Krieges betrachteten.[262] Dass es sich im Falle von Samarkand bei dieser Art von Häusern um sehr einfache und kleine Bauten handelte, wurde oben bereits angesprochen.

Die Rhetorik verschärft sich allerdings im November desselben Jahres, und
auch die Zahl der Meldungen über unerlaubte Bauten steigt: In den beiden Kategorien (d.h. sowohl auf Stadt- als auch auf Kolchos-Land gebaut) werden zusammen über 600 Häuser gezählt.[263] Viele dieser Bauten wurden dem Bericht zufolge
in den „Flussbetten der Bewässerungskanäle" gebaut. Gemeint sind für das
Grund- und Stadtrelief von Samarkand spezifische, durch alte Bewässerungskanäle und kleine Flüsse gebildete Schluchten bzw. Erosionsgräben (russ. *ovragi*).
Sie sind abseits der zentralen Straßen und Plätze der Stadt gelegen und boten
damals offenbar genügend Blickschutz; ihr schlechter, instabiler Boden macht
sie aber nicht besonders geeignet für den Hausbau. Auch auf Flächen, die eigentlich für planmäßige Bebauung vorgesehen waren, wurden unrechtmäßig gebaute Häuser registriert. Von den zuständigen Behörden einschließlich der Poli-
zei werden schärfere Kontrollen und härteres Durchgreifen gefordert. Gleichzeitig wird für Häuser, die vom Abriss verschont bleiben sollten, eine Registrierung zum Zwecke der Besteuerung angeordnet. Zusätzlich wird allerdings darauf
hingewiesen, dass eine Steuerzahlung noch kein Recht auf „unbefristete Nutzung" (*bessrochnoe pol'zovanie*) mit sich bringe.[264]

---

261 SamOGA, f. 1617, op. 1, d. 62, l. 75–76.
262 Smith 2010, S. 154–155.
263 SamOGA, f. 1617, op. 1, d. 62, l. 79–80.
264 SamOGA, f. 1617, op. 1, d. 62, l. 79–80

Vier Jahre später, im Jahr 1960, enthielt der Bericht der Wohnraumbestandszählung noch höhere Zahlen: Demnach wurden in Samarkand mindestens 2.600
nicht registrierte, eigenmächtig errichtete Bauten entdeckt, von denen die städtischen Behörden davor nicht informiert waren.[265] Vermutlich handelt es sich bei
dieser Zahl erneut um beide Kategorien, also Hausbau auf Kolchos-Land eingeschlossen. Es bleibt leider unklar, ob es sich hier um einen tatsächlichen Anstieg
oder nur um eine genauere Zählung handelt. Es sei jedoch in Erinnerung gerufen,
dass sich parallel der Bauboom von 1957–1959 ereignete (s. Kapitel 4). Es ist möglich, dass es im Schatten einer großen Kampagne für individuellen Wohnungsbau leichter war, ein Grundstück an sich zu ziehen. Insgesamt war das Problem
der unregistrierten, eigenmächtig gebauten Häuser in zahlreichen Städten der
Republik verbreitet, allen voran in Taschkent mit 34.000 (!) Häusern.[266]

Im Jahr 1961 bezeichnet ein Bericht zum Stand der Industrie- und Wohnungs-
baumaßnahmen in Samarkand die eigenmächtige Bautätigkeit als das „größte
Übel für die richtige Bebauung der Städte und ländlichen Siedlungen". Hier wird
bereits nicht mehr die Zahl der Häuser, sondern nur mehr die ungefähre derart
verbaute Fläche genannt, die auf recht beeindruckende 350 Hektar geschätzt
wurde.[267] Dies hätte ca. 4.500 planmäßig angelegten Standardparzellen entsprochen[268], womit deutlich wird, dass der Umfang der eigenmächtigen Bebauung
etwa dem der planmäßigen glich, wenn er diese nicht sogar überstieg. (In den
Jahren des Baubooms zwischen 1957 und 1959 wurden 250 Hektar planmäßig bebaut.[269]) Dieses Ausmaß an unkontrollierter Bebauung stellte die Stadt vor große
Schwierigkeiten, da dadurch zahlreiche Flächen belegt wurden, die für andere
Vorhaben eingeplant waren, sodass diese Bauprojekte verhindert wurden; genau
darüber klagt der Bericht. Die größte Schuld wird dabei den Kolchos-Leitern zugeschrieben, aber gleichzeitig werden sowohl die Leitung des Stadt- und des Gebiets-Ispolkom als auch die Parteiführung beschuldigt – die einen wegen unzureichender Kontrolle und die anderen wegen „unzureichender Aufmerksamkeit"
dem Problem gegenüber.[270]

---

265 TsGARUz, f. 1619, op. 16, d. 4, l. 25–26.
266 TsGARUz, f. 1619, op. 16, d. 4, l. 23–24.
267 SamOGA, f. 1617, op. 1, d. 126, l. 52.
268 Berechnet auf der Grundlage einer Aufstellung aus dem Jahr 1959, siehe SamOGA, f. 26, op.
1. d. 2268, l. 50. Darin wird der Bedarf der Stadt an Landflächen vorgerechnet, wonach für 1530
Häuser mit einer Parzellengröße von 450 m² insgesamt 110 Hektar Land benötigt wird, Flächen
für Straßen und öffentliche Infrastruktur eingerechnet.
269 SamOGA, f. 26, op. 1, d. 2168, l. 322.
270 SamOGA, f. 1617, op. 1, d. 65, l. 102.

Unerlaubt gebaute Häuser sollten nach entsprechender Aufforderung des Ispolkom innerhalb eines Monats auf eigene Kosten zurückgebaut bzw. abgerissen
werden. Dies war der Mindestkonsens; ansonsten unterschieden sich die Straf-
maßnahmen in ihrer Strenge offenbar je nach Unionsrepublik: Während es im
Strafgesetzbuch der RSFSR einen eigenen Artikel dafür gab,[271] fehlt ein vergleich-
barer Eintrag im Strafgesetzbuch der Usbekischen SSR gänzlich.[272] In der Usbekischen Republik war es ein Beschluss des Präsidiums des Obersten Sowjets von
1960 (der bis in die 1970er in Geltung blieb), der die Angelegenheiten rund um
die eigenmächtige Bautätigkeit regelte. Neben dem Abriss des unberechtigt Gebauten sah dieser Beschluss eine Geldstrafe in Höhe von 3000 Rubel vor.[273] Das
Strafgesetzbuch der RSFSR aus dem Jahr 1962 enthält zwar eine geringere Geldstrafe (100 Rubel, entspricht 1000 Rubel vor der Währungsreform von 1961), dafür droht es aber eine weitere Strafmaßnahme an, nämlich Strafarbeiten (*ispravi-
tel'nye raboty*) für die Dauer von sechs Monaten bis zu einem Jahr. Gleichzeitig
existierte die bereits beschriebene Möglichkeit der rückwirkenden Legalisierung.
Bemerkenswert ist, dass im Jahr 1962 das Plenum des Obersten Gerichts anord-
nete, dass die Zuständigkeit, die entsprechenden Entscheidungen zu treffen, allein beim örtlichen Ispolkom und nicht bei den Gerichten liegen sollte.[274] Oksana
Gumilevskaya schreibt, dass in der RSFSR strenge Sanktionen nur selten ange-
wendet wurden;[275] eine ähnliche Situation zeigt sich auch in Samarkand.

Die Archivmaterialien der Samarkander Behörden enthalten zahlreiche
Zeugnisse dafür, dass es der Stadtverwaltung nicht gelang, die privaten Bauvorgänge in der Stadt zu kontrollieren. Am anschaulichsten wird das am Schrift-
wechsel zwischen den diversen Verantwortungsebenen der Republik deutlich.
Der Ispolkom von Samarkand wird immer wieder für die schlechte Kontrolle über
Grund und Boden kritisiert, aber auch für andere Verstöße im individuellen Wohnungsbau, darunter illegale Grundstücksverkäufe und Schenkungen, die zuläs-
sigen Normen übersteigender Hausbau sowie der Anbau von Obst und Gemüse
zum illegalen Vertrieb, betrieben auf eigenmächtig angeeigneten Flächen.[276]
Nicht ganz nachvollziehbar wirkt in diesem Kontext der Umstand, dass trotz der
kritischen Situation die Anzahl der Mitarbeiter der Inspektionsorgane verkleinert

---

271 Strafgesetzbuch der RSFSR von 1960, Art. 199.
272 Strafgesetzbuch der UzSSR von 1960.
273 Vedomosti Verkhovnogo Soveta UzSSR 1960 Nr. 26 S. 31–32.
274 Byulleten' Verkhovnogo Suda SSSR 1962, S. 24, Punkt 10.
275 Gumilevskaya 2008, S. 98. 1963 wurde die lockere Rechtspraxis in einem Beschluss des Ple-
nums des Obersten Gerichts der UdSSR kritisiert.
276 SamOGA, f. 1617, op. 1, d. 118, l. 14.

wurde.[277] Scharf kritisiert wird die Stadtverwaltung auch für ihr zu spätes Eingreifen, nämlich in der Regel erst wenn die Häuser bereits standen, für zu wenig Entscheide auf Strafen und Abriss, für die Unfähigkeit, solche am Ende auch zu vollstrecken, sowie dafür, dass die verantwortlichen Personen straffrei ausgingen.[278]

Die Vorwürfe kommen sowohl von der Ebene des Gebiets-Ispolkom als auch vom Ministerrat der UzSSR. Der Ispolkom von Samarkand seinerseits gab die Vorwürfe häufig nach „unten" an die Architektur- und Baubehörde weiter, in deren Aufgabenbereich auch die Kontrolle über die Bauvorgänge in der Stadt gehörte, bzw. an die Exkutivkomitees der Bezirke, durch deren milde Entscheidungen oder unterstellte Nachlässigkeit bei der Ahndung der eigenmächtige Bau in diesem Ausmaß erst möglich geworden war.[279] Nach „oben" reichte der Stadt-Ispolkom Berichte über die aufgedeckten Fälle von unerlaubt gebauten Häusern und über die verhängten Strafen weiter, jedoch sind die Zahlen nicht besonders hoch. So wird etwa im Jahr 1961 von dreißig auferlegten Geldstrafen berichtet[280] und im Jahr 1963 von vierzig aufgedeckten Fällen, die mit Strafen belegt wurden. Wie viel davon tatsächlich umgesetzt wurde, ist schwer zu sagen – sicher ist, dass es einige Abrisse gab, sicherlich auch zur Abschreckung. Ein Gesprächspartner, der Ende der 1960er-Jahre in einer Baubehörde arbeitete, deutete an, dass solche Aktionen zwar stattfanden, aber eher Exempel-Charakter hatten.[281]

Die Frage, die sich dabei stellt, ist die nach dem Vorhandensein einer gewissen Hemmschwelle bei staatlichen Behörden bzw. Entscheidungsträgern in einem sozialistischen Staat, Menschen auf die Straße zu setzen, denn dies wäre die reelle Folge eines Abrisses gewesen. In den Dokumenten wird die Frage, was mit den Menschen passiert, nicht aufgeworfen. Offenbar war hier der Staat zwischen zwei seiner Aufgaben – der sozialen Versorgung und der Kontrolle über die Einhaltung der Regeln – gefangen.[282] Die aufgefundenen Beispiele für den Umgang der Exekutivkomitees mit den Anträgen auf Legalisierung unerlaubt gebauter Häuser lassen keine konsequente Haltung nachvollziehen. Genauso wenig geben sie Einblick in die Beweggründe hinter der einen oder der anderen Entscheidung. Die abgewiesenen Anträge auf Legalisierung ließen die Antragsteller offenbar in einer rechtlichen Grauzone zurück. So wird z.B. in einem Fall der Antrag beim Stadt-Ispolkom auf Registrierung des Hauses zwar abgelehnt, der Person wird

---

277 SamOGA, f. 1658, op. 2, d. 109, l. 201–202.
278 SamOGA, f. 1617, op. 1, d. 122, l. 47.
279 SamOGA, f. 1617, op. 1, d. 83, l. 61.
280 SamOGA, f. 1658, op. 2, d. 109, l. 201.
281 Gespäch mit I.B.
282 Für diese Beobachtung und den Hinweis bedanke ich mich bei Udo Grashoff.

aber empfohlen, sich an das Büro für Technische Inventarisierung (BTI) zu wenden, um darüber das Eigentumsrecht anerkannt zu bekommen,[283] also genau die Praxis, die am Eingang dieses Kapitels beschrieben wurde und die theoretisch verboten war.

Ein anderes Beispiel berichtet von sechs Bürgern, die – angeblich wissentlich – eigenmächtig Häuser auf Grundstücken unter geplanten Hochspannungsleitungen errichteten; sie erhielten als Ersatz neue Parzellen.[284] Das bedeutet, dass die Behörden die Häuser aus Sicherheitsgründen abreißen mussten und dabei auch noch gezwungen waren, Ersatzgrundstücke zuzuteilen. Um solche paradoxen Situationen zwischen den Aufgaben der Behörden und den Bedürfnissen der Bürger zu verstehen, ist die Analyse von Mark Smith hilfreich. Die Handlungen von Menschen, die eigenständig und zuweilen auch eigenmächtig ihre Häuser gebaut hatten, bezeichnet er als „sanctioned initiative" und „permitted autonomy". Gemeint ist damit, dass die herrschende Wohnungsnot den Staat dazu zwang, die Eigenmächtigkeit seiner Bürger zu tolerieren, ja sich geradezu auf diese zu verlassen, weil die staatlichen Ressourcen allein nicht zur Beseitigung der Wohnungsnot ausreichten. Smith betont an der Stelle, dass die Versuche, die Wohnungsnot eigenhändig zu lösen und damit nicht immer im Einklang mit geltendem Recht zu handeln, nicht als Widerstand gegen das System, sondern vielmehr in den Kategorien von Kooperation oder Symbiose beschrieben werden können.

Diese Perspektive hilft bei der Beantwortung der Frage, warum der eigenmächtige Hausbau solche Ausmaße annehmen und so schlecht bekämpft werden konnte. Ein Teil der aufschlussreichen Argumentation von Smith ist die These, dass die Eigeninitiative der Bürger de facto Teil des Systems war und dessen Funktionieren erst ermöglichte.[285] Diese Beobachtung lässt aber die Frage offen, inwiefern die beteiligten Akteure, vor allem diejenigen auf der Seite des Staates, sich der „Symbiose" bewusst waren und aus welchen Motivationen und Handlungen der Verantwortlichen in der Verwaltung diese „Kooperation" entstand.

Die Überforderung der Behörden und der einzelnen Mitarbeiter, ihre ambivalente Position in der Entscheidungshierarchie, aber auch ihre eigenen Interessen und Vorteile spielen hier ebenso eine wesentliche Rolle. Vor allem gilt dies für die Architektur- und Baubehörde, da diese neben der Kontrolle zugleich für die Durchsetzung der Strafen zuständig war. Zur Überforderung der Behörden trug

---

283 SamOGA, f. 1658, op. 2, d. 109, l. 51.
284 SamOGA, f. 1658, op. 2, d. 109, l. 222.
285 Smith 2010, S. 14–15, 140–141.

die offenbar häufig nicht geklärte Zuständigkeit bei, die durch Mehrfachkompetenzen entstanden war. Die Bezirks-Ispolkom genehmigten zum Beispiel häufig die Zuteilung von Grundstücken, wo die städtische Architekturbehörde vorher die Zuteilung untersagt hatte. Ebenso konnte es geschehen, dass Mitarbeiter der Architekturbehörde, die nicht dazu befugt waren, Genehmigungen ausstellten, die später nicht mehr rückgängig zu machen waren. Dadurch entstanden Verstöße gegen den Bebauungsplan. Die Verantwortung dafür wird in den Archivquellen vor allem der Architekturbehörde zugeschrieben, die all diese Probleme zwar bemerkte und kritisierte, sie aber letztlich nicht effektiv verhindern konnte.[286] Offenbar herrschte Unklarheit darüber, wie mit fehlerhaften Entscheidungen, die bereits Tatsachen geschaffen hatten, umgegangen werden sollte. Ein weiterer nicht zu unterschätzender Faktor bei den Aushandlungsprozessen waren sicherlich persönliche Interessen der Bearbeiter, sei es durch Korruption, als „Gefälligkeiten" oder aus Verständnis für die Situation der Bittsteller. Natürlich sind solche Praktiken nur schwer in den Quellen belegbar, auch wenn sie in vielen Situationen implizit mitgedacht werden müssen.

Die geschilderte Situation stellt keinesfalls eine Besonderheit Samarkands dar. Mehrere Autoren, darunter Thomas Bohn, Gregory Andrusz und auch Mark Smith, erwähnen ähnliche Situationen für andere Teile der Sowjetunion.[287]

Bodenkonflikte zwischen Stadt und Kolchosen

In den bisherigen Ausführungen wurde bereits häufig genug auf diesen Abschnitt verwiesen, der als letzter Mosaikstein bei der Beantwortung der Frage nach den Gründen für die Entstehung der Stadtstruktur von Samarkand dienen soll. Der Bodenkonflikt zwischen der Stadt und den umliegenden Kolchosen, um den es hier gehen soll, hielt über mehrere Jahre an und hatte einen sehr prägenden Einfluss auf die Stadtplanungsprozesse und damit auf das heutige Stadtbild von Samarkand. Diesen Einfluss werde ich versuchen zu umreißen. Gleichzeitig werde ich auf der Grundlage der zur Verfügung stehenden Dokumente vor allem die Perspektive des Stadt- und Gebiets-Ispolkom und der zugehörigen Bau- und Architekturbehörden wiedergeben; die Perspektive der Kolchosen spiegelt sich in den Quellen nur in sehr geringem Maße.

---

286 SamOGA, f. 26, op. 1, d. 1675, l. 54–55.
287 Andrusz 1984, S. 102–103; Smith 2010, S. 15; Bohn 2008, S. 176 ff.

Der Konflikt war gewissermaßen vorprogrammiert, da in der Usbekischen Sowjetrepublik das Oasenland, das sich Städte und Landwirtschaft teilen mussten, nur 6% der gesamten Fläche ausmachte.[288] Der Anfang der intensiven Phase lässt sich für das Jahr 1956 feststellen, als mit der Fertigstellung des neuen Generalplans und seiner Genehmigung durch den Ministerrat der UzSSR auch „perspektivisches Bauland" für Samarkand im Umfang von insgesamt ca. 1.500 Hektar ausgewiesen wurde, das bis dahin zu den Territorien der umliegenden Kolchosen gehörte.[289] Damit sollten Territorien, die unmittelbar an Samarkand grenzten, von den Kolchosen an die Stadt übergeben werden. Das formelle Prozedere sah eine Stellungnahme seitens der Kolchosversammlung vor.[290] Inwiefern dabei eine ausdrückliche Zustimmung erforderlich war und ob diese eine reine Formalität darstellte oder die Versammlung doch ein tatsächliches Entscheidungsinstrument der Kolchosen war, ist sicher eine wichtige Frage, um den Mechanismus dieses Konfliktes nachzuvollziehen, sie wird sich aber im Rahmen dieser Studie leider nicht eindeutig beantworten lassen. Klar ist nur, dass zahlreiche Kolchosen von der Möglichkeit aktiv Gebrauch machten und sich noch mit unterschiedlichen anderen ihnen zugänglichen Mitteln gegen die Landübereignung zu wehren versuchten. In den Archivdokumenten findet man Berichte, die von unterschiedlichen Taktiken zeugen, vom Ignorieren der Beschlüsse über die Verschleppung von bürokratischen Abläufen bis hin zu einer direkten Absage oder Verhinderung von Baumaßnahmen.[291]

Das größte Problem für die Stadt und die Architektur- und Baubehörde war an dieser Situation, dass die Kolchosen zusätzlich zu der genannten Verweigerungshaltung auch praktisch die umstrittenen Territorien mit individuellen Häusern zubauen ließen. Bei einigen Kolchosen reichten die Grundstücke weit in die zentralen Bereiche der Stadt hinein, und so waren der Stadt-Ispolkom und seine Behörden auf einmal mit unkontrollierter Bebauung von wertvollem Land kon-

---

288 Bulatov 1962, S. 11.

289 SamOGA, f. 26, op. 1, d. 1932, l. 3–4.

290 Beschluss des Ministerrates der RSFSR vom 13.09.1954 (in: *Sbornik zakonodatel'nykh aktov o zemle* 1960, S. 45). In der Liste der Dokumente, welche mit dem Antrag auf Landübereignung beim Ministerrat der Unionsrepublik eingereicht werden sollten, wird auch ein „Protokoll der beschlussfähigen Versammlung der Kolchosmitglieder" aufgelistet. Die Rede ist dabei nicht von einer Entscheidung der Versammlung – diese sollte vom Bezirks-Ispolkom kommen. Welches Gewicht die Meinung der Kolchosmitglieder dabei hatte, wird nicht erwähnt. Da mir der entsprechende Beschluss der UzSSR nicht vorgelegen hat, bin ich gezwungen, mich auf den der RSFSR zu beziehen.

291 SamOGA, f. 26, op. 1, d. 1932, l. 20.

frontiert, welche zahlreiche städtebauliche Vorhaben nichtig und den Generalplan unumsetzbar machte. Von der Stadt wurde dies als eigenmächtige Bautätigkeit deklariert; allerdings hatten die Behörden hier noch weniger Handlungs-
möglichkeiten, da der individuelle Häuserbau in diesen Fällen durch die Genehmigungen seitens der Kolchosen rechtlich abgesichert war. In zahlreichen Be-
schwerde- und Drohbriefen wird eine Situation beschrieben, bei der die Parzellen
in großem Maße auch an Nicht-Kolchosmitglieder verteilt und Grundstücke völ-
lig ohne Plan und Infrastruktur bebaut wurden.[292]

Samarkand stellt auch hier wieder keinen Einzelfall dar: Dem Erlass des Ministerrates der UzSSR vom April 1957 zufolge waren solche Fälle ein Problem in
der gesamten Republik.[293] In den Dokumenten zu Samarkand tauchen die Namen
von insgesamt zehn bis zwölf Kolchosen auf, die die Stadt umgaben.

Der Fall „Kaganovich"-Kolchos

Am besten überliefert ist der Konflikt mit der Leitung des „Kaganovich"-Kolchos
Mitte bis Ende der 1950er-Jahre. In der Auseinandersetzung mit der Stadt holte
sich dieser Kolchos offenbar Rückendeckung seitens des Landwirtschaftsministeriums, sodass der Konflikt letztlich auf eine höhere Ebene überging. Hinweise
darauf enthält ein Erklärungsschreiben des stellvertretenden Vorsitzenden des
Stadt-Ispolkom, Akulyshin, an den Ministerrat der UzSSR vom August 1956.[294] Darin kritisiert er, das Landwirtschaftsministerium würde sich in Bezug auf den
Konflikt einseitig als Interessensvertretung der Kolchosen positionieren, statt das
gesamtstaatliche Interesse zu vertreten. Er akzeptiert zwar einen der Hauptkritik-
punkte, nämlich den Wegfall von fruchtbaren Böden und die damit einhergehen-
den Nachteile für die Produktionskraft der Kolchosen, rechtfertigt das Handeln
der Kolchosen aber mit dem Hinweis, dass es um Samarkand herum „keine anderen Territorien [gäbe], die nicht Obst- oder Weingärten wären".[295] Er warnt davor, dass die Priorisierung der Kolchosinteressen eine Revision und Neuausrich-
tung des Generalplans von Samarkand, der bereits vom Ministerrat der Republik
genehmigt worden war, bedeuten würde. Letztlich fordert er eine unabhängige

---

292 Von dieser Praxis, an Parzellen heranzukommen, erzählten mir auch zwei Gesprächspartner, die zu Sowjetzeiten als Architekten bzw. Mitarbeiter der Architekturbehörde tätig waren
(Gespräch mit B.R. und I.B.).
293 SamOGA, f. 1617, op. 1, d. 82, l. 1.
294 SamOGA, f. 26, op. 1, d. 1932, l. 3–7.
295 SamOGA, f. 26, op. 1, d. 1932, l. 3–7.

Kommission, welche die einander widersprechenden Angaben der Konfliktparteien überprüfen solle. Ob tatsächlich eine Kommission eingesetzt wurde und ob Akulyshins Kommentare und Forderungen berücksichtigt wurden, lässt sich anhand der zur Verfügung stehenden Quellen leider nicht nachvollziehen; es wird aber deutlich, dass das Problem auf unterschiedlichen Ebenen verhandelt wurde. Der Ministerrat reagierte im April 1957 auf die Problemlage mit einem Beschluss,[296] der die Gründe für die „schädliche Praxis" nennt:

> [..] Defizite in der Arbeit des staatlichen Komitees für Bau und Architektur des Ministerrates der UzSSR sowie der Projektorganisationen, die bei der Erarbeitung von Generalplänen der Städte die Fragen einer rationalen Bodennutzung durch die Kolchosen sowie die der Platzierung von Bauobjekten von Kolchosen auf in die Stadtgrenzen eingegangenen Territorien nicht berücksichtigt haben.[297]

Besonders bemerkenswert ist, dass der Ministerrat von einem ausdrücklichen Verbot der Bebauungspraxis absieht und sich lediglich auf eine sanftere „Empfehlung, keine Bautätigkeit innerhalb der Projektgrenzen der Stadt auszuführen" beschränkt. Diese Formulierung wird auf unterschiedlichen Ebenen im Wortlaut in zahlreichen Beschlüssen und Erlässen der darauffolgenden Jahre übernommen. Als Ausnahme wird der Bau von leichten temporären Wirtschaftsgebäuden in Abstimmung mit den lokalen Ispolkoms genehmigt. Ansonsten bleiben die Verordnungen sehr allgemein und uneindeutig: Eine bessere Koordinierung und Abstimmung zwischen Ministerien, Planungsbehörden und Kolchosen wird angeordnet; die Vorschläge zum Wohnungsbau in stadtnahen Kolchosen sollten in Abstimmung mit den Generalplänen der Städte erarbeitet werden. Nicht explizit, sondern als Nebensatz eingeschoben – wodurch seine Wirkmächtigkeit nicht ganz klar wird – steht der Hinweis, Kolchosland innerhalb der Stadtgrenzen sei nur für landwirtschaftliche Kulturen zu verwenden.

Der Beschluss macht zwar Vorschläge für die Zukunft, entzieht sich aber hinsichtlich schon bestehender Konflikte einer eindeutigen Aussage oder auch der Verantwortung und leitet diese nach unten weiter. Der Beschluss ist sicherlich das Ergebnis eines internen Aushandlungsprozesses, jedoch konnte der Ministerrat zu dem Zeitpunkt im Konflikt zwischen Bau- und Landwirtschaftsministerium keine eindeutige Entscheidung fällen, was dazu führte, dass der *status quo* beibehalten wurde.

---

296 SamOGA, f. 1617, op. 1, d. 82, l. 1–2. Beschluss des Ministerrates der UzSSR vom 01.04.1957 „Über die Regulierung der Bebauung von Kolchosländereien innerhalb der Grenzen der Städte."
297 Übersetzung der Autorin.

Da der Beschluss bloß eine bessere Planung verordnete, trug er natürlich nicht zur Lösung des Konflikts bei, und so häuften sich weitere Klagen und Beschwerdebriefe. So hieß es im Jahr 1959, dass „die eigenmächtige Baupraxis seitens der Kolchosen in den letzten Jahren Massencharakter" angenommen habe und „die staatlichen Baupläne zu sprengen"[298] drohe.

Auf der anderen Seite lässt sich die Abwehrhaltung der Kolchosen durchaus nachvollziehen. Ein Beispiel aus dem Jahr 1958 zeigt eine Situation, in der sich Kolchosen weigerten, im laufenden Jahr Land an die Stadt abzutreten. In der Beschwerde wendet sich der Leiter der städtischen Baubehörde an das Gebiet-Ispolkom mit der Bitte, dieses möge auf die Kolchosen einwirken, 100 Hektar des geforderten Landes sofort und weitere 100 Hektar nach der Ernte zu übergeben.[299] Das Beispiel lässt erahnen, dass die Kolchosen vor dem Problem standen, mit ihrer Ernte ein Plansoll erfüllen zu müssen, das natürlich bei Landabtretung vor der Ernte gefährdet gewesen wäre. Einige Berichte geben knapp die Position der Kolchosen wieder: Darin beziehen sie sich vor allem auf „zur zeitlich unbefristeten Nutzung" übergebenes Land und auf Beschlüsse der Mitgliederversammlung.[300] In einem anderen Fall sollen die Kolchosleitungen ihren Widerstand damit begründet haben, dass sie nicht in die Planungen des Generalplans einbezogen waren.[301] Exemplarisch für die Konflikte, die zwischen Stadt und Kolchosen immer wieder entstanden, soll hier noch der Fall des Engels-Kolchos dargelegt werden.

Der Fall „Engels"-Kolchos

Hier geht es um einen Konflikt der Stadt Samarkand mit dem Kolchos „Engels", dessen Territorien im Nordwesten in die sogenannten Projektgrenzen der Stadt eingeschlossen worden waren. Dieser Konflikt lässt sich anhand von zwei Berichten[302] rekonstruieren und zeigt exemplarisch das Spannungsfeld auf, in dem sich Stadtplanung versus Ressourcenpolitik verorten lassen.

---

298 SamOGA, f. 1617, op. 1, d. 121, l. 54.
299 SamOGA, f. 1617, op. 1, d. 83, ll. 25–26.
300 SamOGA, f. 26, op. 1, d. 1932, l. 2.
301 SamOGA, f. 26, op.1, d. 1932, l. 17.
302 SamOGA, f. 1617, op. 1, d. 126, ll. 20–23 und 35–38. Der erste, verfasst im Mai 1961 vom Leiter der Städtischen Abteilung für Planung und Architektur Abdullaev, ist an den Vorsitzenden des Gebiets-Ispolkom gerichtet. Der zweite, vom Juli desselben Jahres, verfasst von dem Stellvertre-

Wie auch bei anderen Kolchosen, wurde „Engels" im Jahr 1956 mit den Ergebnissen des neuen Generalplans für die Gestaltung von Samarkand bekannt
gemacht und darüber informiert, welche Territorien nun ins Stadtgebiet einge-
gangen waren und im Laufe der Baumaßnahmen an die Stadt übereignet werden
sollten. Konkret war ein Grundstück für die Errichtung einer Industriezone mit
einer Kammgarnspinnerei im nordwestlichen Teil der Stadt eingeplant. Die Kolchosleitung hatte jedoch die betreffenden Territorien bereits als Parzellen zur individuellen Bebauung vergeben. Im April 1958 brachte der Ispolkom von Samarkand eine Veränderung in den Plan hinein und reservierte in Absprache mit
dem Kolchos einen Teil des umstrittenen Territoriums für die Vergabe von Parzellen zur individuellen Bebauung; im Mai 1959 nahm die Stadt diese Entscheidung jedoch wieder zurück.

Laut Bericht nahm die Kolchosleitung – und zwar erst nachdem die General-
planveränderung bereits zurückgezogen worden war – eine besonders intensive
Parzellenverteilung vor. Der Leitung und vor allem der Kolchosvorsitzenden
Fatima Kasymova werden ähnliche Verstöße auch in anderen Stadtteilen vorgeworfen: Insgesamt sei über 100 Hektar Kolchosland unautorisiert zur individuellen Bebauung freigegeben worden. Weiter wird Kasymova beschuldigt, die Entscheidungen des Gebiets-Ispolkom und sogar des Ministerrates der UzSSR zu
ignorieren. Ebenso wird eine Reihe von Briefen, Beschlüssen und Warnungen
aufgezählt, auf welche die Kolchosleitung ebenfalls nicht reagiert habe.

Es wird auch festgestellt, dass 11 von insgesamt 37 gebauten Häusern von In-
dividuen errichtet wurden, die eine Position in der Verwaltung von Stadt oder
Kolchos innehatten, einschließlich der Vorsitzenden selbst. Der Bericht wagt allerdings keine Schlüsse in Richtung Begünstigung, Korruption o.ä. zu ziehen; es
bleibt bei der Nennung der Namen sowie Hinweisen darauf, dass einige der Häuser die zulässige Größe überschritten.

Letztlich fand eine Regierungskommission im Jahr 1960 eine Kompromisslösung für die Platzierung der Spinnerei, sodass nur zwölf Häuser, die bis dahin
auf dem strittigen Land errichtet worden waren, abgerissen werden sollten. Die
Kompromisslösung wurde mit der Vermeidung höherer Kosten begründet, die im
Falle eines kompletten Abrisses entstünden. Die Besitzer der abgerissenen Häuser sollten dem Bericht zufolge Ersatzgrundstücke, Darlehen, Baumaterialien
und sogar Arbeitshilfe beim Wiederaufbau bekommen – kompensatorische Maßnahmen, die zusammengenommen betrachtet eher wie eine Sonderbehandlung

---

tendem Vorsitzenden des Samarkander Gebiets-Ispolkom Kuzmin, ist an den Sekretär des Par-
teikomitees des Gebiets von Samarkand adressiert. Der Fall wird damit von „unten" nach „oben"
weitergereicht.

wirken. Bezeichnend ist auch, dass der zweite Bericht an die Parteiführung leicht abgemildert formuliert ist. Er enthält zwar die Beschreibung der Kompromisslösung und der Kompensationen, lässt aber nunmehr die Liste mit den Namen der Kolchosfunktionäre weg.

Worauf sich die selbstbewusste Widerspenstigkeit der Kolchosleitung gründete, wird verständlicher, wenn wir den Kolchos sowie die Rolle und Persönlichkeit der Vorsitzenden in größerem Kontext anschauen. Ein Filmbeitrag aus dem Jahr 1968 porträtiert Fatima Kasymova – zu dem Zeitpunkt seit 15 Jahren gewählte Vorsitzende des Kolchos – als eine starke und selbstbewusste Frau an der Spitze eines großen und reichen Kolchos mit mehreren Wirtschaftszweigen.[303] In seinem landwirtschaftlichen Betrieb werden die verschiedensten Obst- und Gemüsesorten angebaut sowie Schaumwein produziert. Ich konnte nicht herausfinden, ob der Kolchos zu den sog. Millionär-Kolchosen gehörte, aber offenbar war er wirtschaftlich nicht unbedeutend – z.B. als wichtiger Lebensmittelzulieferer. Vorsitzende Kasymova war ihrerseits, wie viele Kolchos-Leiter, Abgeordnete des Obersten Sowjets der Republik und besaß einigen Quellen zufolge den Orden „Held der Sozialistischen Arbeit". Zudem verfügte sie über hohen moralischen Kredit, indem sie mit ihrem Mann zu den angesehenen Familien in der Republik zählte, die während des Zweiten Weltkriegs mehrere Kinder adoptierten;[304] alles zusammen eine solide Ausstattung für einen gewichtigen Akteur mit Einfluss, welcher offenbar weit über die Gebietsebene hinausging. Für Kasymovas herausgehobene Position spricht auch, dass der Kolchos später nach ihr benannt wurde und dass die nachmalige Siedlung an seiner Stelle bis heute ihren Namen trägt.

Ihr Fall stellt mit großer Wahrscheinlichkeit keine Ausnahme dar. Tommaso Trevisani und Sergei Abashin schreiben ebenfalls über die machtvolle Stellung des Kolchosvorsitzenden (*rais*) und über die Bedeutung von horizontalen wie vertikalen Netzwerken, in welche diese Vorsitzenden eingebettet waren. Wichtig war auch die Pflege und Aufrechterhaltung dieser Netzwerke – um die eigene Stellung der Vorsitzenden zu sichern, aber auch, um die ihnen unterstehenden Großbetriebe im sowjetischen Wirtschaftssystem erfolgreich zu leiten.[305]

Für unseren Fall von Samarkand und den Streit um die knappe Ressource Land bedeutete die Funktionalität der Netzwerke, dass die Kolchosleitungen in

---

303 Das Video befindet sich im Archiv British Pathé und kann unter folgender Adresse abgerufen werden: https://www.youtube.com/watch?v=5zoXCDYvQm4 (letzter Zugriff am 30.06.2020).
304 Im Zweiten Weltkrieg wurden Kinder aus dem europäischen Teil der UdSSR evakuiert, die ihre Eltern verloren hatten; sie wurden von den lokalen Familien z.B. in Usbekistan adoptiert. Besonders bekannt, auch durch eine Verfilmung, wurde die Geschichte des Taschkenter Paars Bahri Akramova und Shoahmad Shomahmudov.
305 Trevisani 2010, S. 72. Abashin 2015, S. 357–358.

Konflikten nicht nur den ressortgebundenen Schutz des Landwirtschaftsministeriums genossen, sondern höchstwahrscheinlich auch persönliche Fürsprecher auf unterschiedlichen Entscheidungsebenen hatten. Die Kolchosvorsitzenden konnten damit sowohl die wirtschaftlichen Interessen der Kolchosen verteidigen wie auch ihre eigenen befördern. Sie waren wichtige eigenständige Akteure, die zudem über Landressourcen verfügten und damit eine starke Position innehatten. Es mag provokativ klingen, aber offensichtlich konnten sie die Nachfrage nach Bauland in der Bevölkerung viel effektiver befriedigen als die städtischen Behörden. An dem Beispiel wird auch deutlich, wie stark die Grenzen zwischen staatlichen und privaten Akteuren verschwimmen; sichtbar wird, welche verschiedenen Einflusspositionen eine Person zugleich innehaben konnte und welche Folgen das für eine zentral gesteuerte Planung mit sich brachte.

Ein ähnliches Konfliktschema wie anhand der Engels- und Kaganovich-Kolchosen beschrieben kam im Zuge neuer Bauprojekte immer wieder auf. Der Ball ging aber offenbar mehrmals hin und her, denn der Stadt gelang es immer wieder, größere Landabschnitte für neue Bauprojekte zu bekommen, so zum Beispiel für die Mikroraions A und B im Westen der Stadt.[306] Der Flickenteppich aus unterschiedlichster Bebauung wuchs immer weiter.

In einer so nüchternen wie vernichtenden Bestandsaufnahme in einem Informationsblatt aus dem Jahr 1963/64 werden die Verstöße gegen den Generalplan erneut thematisiert: Rechtswidrig gebaute Häuser stehen im Weg von geplanten Straßen, Magistralen und unterirdischen Versorgungsleitungen, was zu Kostensteigerung bei weiteren Bauarbeiten in der Stadt führe. Der unbekannte Autor kritisiert außerdem, dass die „schändliche Praxis" hätte verhindert werden können, wenn „die Leiter der lokalen Partei- und der Sowjetorgane die Ziele und Aufgaben des Städtebaus besser verstünden".[307] Der Vorwurf deutet darauf hin, dass die entsprechenden Sowjetorgane in dem Konflikt Partei für die Kolchosen ergriffen hätten.

Die spätere Gesetzgebung bekräftigt die Vermutung. Die Interessen der Kolchosen wurden Mitte bis Ende der 1960er-Jahre tatsächlich gestärkt – zum Beispiel durch eine Verordnung des Zentralkomitees der KPdSU vom 16. Juli 1966. Diese kritisierte die Verschwendung von wertvollem Kolchosland durch unberechtigte großflächige Bauvorhaben und verpflichtete die Städte und Planungsorganisationen, ihre Bebauungspläne mit den Kolchosen abzustimmen.[308] Im

---

306 SamOGA, f. 1617, op. 1, d. 252, ll. 63–64
307 SamOGA, f. 1617, op. 1, d. 1, l. 53–52.
308 SamOGA, f. 1617, op.1, d. 210, l. 88–89.

Jahr 1968 wurde ein großes Gesetzesprojekt für die „Grundlagen der Landnutzung" auf den Weg gebracht und in der Presse diskutiert.[309] Im Dezember des selben Jahres wurde das Projekt verabschiedet und es stellt damit das erste Regelwerk dieser Art in der Geschichte der UdSSR dar.[310] Unter anderem wird darin die Entnahme von fruchtbaren, bewässerten und bestellten Böden zum Zwecke einer nicht-landwirtschaftlichen Nutzung nur in äußersten Ausnahmefällen erlaubt, und dies nur bei ausdrücklicher Zustimmung der Kolchosversammlung sowie bei gleichzeitigem Vorliegen einer Genehmigung seitens des Ministerrates der jeweiligen Republik.[311]

Ich konzentriere mich hier vor allem auf die Vorgänge der 1950er- und 60er-Jahre, doch ein flüchtiger Blick in die Akten der 70er-Jahre zeigt, dass die Konflikte nicht aufhörten. Auch im Jahr 1974 beklagte der Leiter der Architektur- und Planungsbehörde Sadykov, dass mehrere Kolchosen Land nicht nur an private Menschen, sondern auch an Organisationen und Institutionen unberechtigterweise und ohne Beachtung des existierenden Bebauungsplans übergeben hätten.[312] Samarkand wuchs weiter und Bedarf an Bauland herrschte nicht nur bei einfachen Bürgern. Offensichtlich war es selbst für staatliche Akteure zum Teil leichter, an Bauland für ihre Vorhaben über die Kolchosleitungen zu gelangen als auf dem offiziellen Weg.

Um die Mechanismen dieser Prozesse und ihre Bedeutung für die Stadt genau nachvollziehen zu können, bedürfte es weiterer Forschung, doch auch das hier gesammelte Material liefert schon ausreichend Anhaltspunkte für eine Erklärung der Gesamtsituation: Territorien, die an die Stadt überschrieben werden sollten, hatten für die Kolchosen zukünftig keinen landwirtschaftlichen Nutzen mehr. Durch ihre gesetzliche Position sowie über die persönliche Stellung einzelner Vorsitzender hielten sie allerdings noch eine Zeitlang nach Bekanntwerden der entsprechenden Pläne die Kontrolle über die betreffenden Ländereien. Aufgrund von Knappheit und einer hohen Nachfrage verwandelte sich Grund und Boden in eine „Ware", die, mutmaßlich nicht ohne Gegenleistungen, an Interessenten „verteilt" werden konnte. Für eine ständige Nachfrage sorgte die schnell wachsende Bevölkerung ebenso wie die voranschreitende Industrialisierung, während der staatliche Wohnungsbau den wachsenden Bedarf nicht decken konnte. Größere und kleinere Konflikte waren hiermit vorprogrammiert.

309 Kuznetsov 1968, S. 7.
310 Gesetz der UdSSR Nr. 3401-VII vom 13.12.1968 „Über die Grundlagen der Landnutzung"
311 Gesetz der UdSSR Nr. 3401-VII vom 13.12.1968, Artikel 16.
312 SamOGA, f. 1658, op. 1, d. 477, l. 1–4.

6 Das Wachstum und die Beständigkeit – ein Ausblick

Zwei Faktoren dürften eine maßgebliche Wirkung auf die Wohnungspolitik und -situation in Samarkand in den 70ern und 80ern gehabt haben: Das Verbot für Parzellenzuteilung seit 1972[313] (falls dieses tatsächlich durchgesetzt wurde) zwang Menschen, die Wohnraum benötigten, sich entweder bei den Kolchosen nach Bauland umzuschauen oder alternativ, sich um eine Wohnungszuteilung zu bemühen. Und zweitens: als mit den wachsenden Kapazitäten der Baukombinate und insbesondere nach 1981, als eine neue Serie von neunstöckigen Wohnhäusern mit größeren Wohnungen und – wie es hieß – mit „verbessertem" Schnitt eingeführt wurde, waren die neuen Wohnungen im Vergleich zu ihren Vorgängern zu einer eher brauchbaren Alternative geworden – auch für größere Familien.

Hier kann nicht genau bestimmt werden, wie die Ausbreitung der individuellen Häuser in den 1970ern und Anfang der 1980er-Jahre in Samarkand vonstatten ging. Mithilfe von „Google Earth" kann man einen wenn auch nur groben Eindruck davon bekommen, wie sich die Umrisse der Stadt ab 1984 entwickelten. Auf diesen Aufnahmen wird sichtbar, dass viele Lücken zwischen der Stadt und den umliegenden Dörfern kurz vor und unmittelbar nach 1990 geschlossen wurden – der Prozess ging also auch nach der Unabhängigkeit noch weiter.

Dieser erneute Blick aus der Vogelperspektive bringt uns zurück zur Leitfrage der ganzen Arbeit – nach der Bebauungsstruktur von Samarkand und den Mechanismen für ihre Entstehung. Am Ende erscheint die Antwort recht naheliegend: Der Flickenteppich aus unzähligen Hofhäusern ist das Ergebnis einer exzessiv geführten individuellen Bautätigkeit, die anfangs durch die offizielle Politik unterstützt wurde und später in ihrer „eigenmächtigen" Form nur noch schwer zu kontrollieren und aufzuhalten war. Die strittigen Landbesitzverhältnisse zwischen Stadt und Kolchosen und die starke Stellung der letzteren in der Landzuteilungspolitik machten den individuellen Hausbau im gegebenen Ausmaß erst möglich. Das heutige Stadtbild ist genau so stark durch das Baugeschehen der 1950er–60er-Jahre geprägt wie durch die spätere Entwicklung nach 1991. Samarkand hat nie wirklich aufgehört zu wachsen, wobei fortgesetzt vor allem

---

313 Zu der entsprechenden Gesetzgebung s. Kapitel 5.

Privathäuser gebaut wurden. Letztlich ist die Stadt mit den Kolchosen zusammengewachsen, etwas überspitzt könnte man allerdings sagen, dass es nicht die Stadt war, die sich im Wachstumsprozess das Umland einverleibt hatte, sondern – umgekehrt – die Kolchosen, die bei diesem Prozess in vielen Fällen die Oberhand hatten.

Zum Abschluss möchte ich auf einen Aspekt hinweisen, der außerhalb des Rahmens dieser Arbeit bleiben musste, den ich aber nicht unerwähnt lassen möchte. Es ist die erstaunliche Homogenität der heutigen Stadtstruktur, die aus unzähligen Hofhäusern besteht. In der sowjetischen Literatur,[314] aber auch von den Bewohnern wird diese Form als „traditionell" bezeichnet, während als Referenz meist die Häuser in der historischen Altstadt dienen.

Ich habe mich in der Arbeit bewusst von der Thematik der lokalen und traditionellen Wohnformen fern gehalten, weil ich mich primär für die infrastrukturellen, politischen und bürokratischen Rahmenbedingungen interessiert habe und weil die wenigsten von meinen Gesprächspartnern in solchen Häusern wohnten. Im Kontrast dazu zeugen die Satellitenaufnahmen von der Dominanz dieser Haus- und Wohnform. Doch diese Aufnahmen umfassen lediglich die Entwicklung der letzten 15 Jahre. Was man daraus schließen kann ist, dass die Umbauten allmählich geschahen (und geschehen) – auch weil ein Teil der Häuser, nach Typenplänen errichtet und erst im Laufe der Zeit den Bedürfnissen ihrer Bewohner angepasst wurde. Sicher spielte bei den Transformationsprozessen auch die Abwanderung vieler Minderheiten und der Zuzug von neuen Gruppen, aus dem Umland oder anderen Stadtvierteln, nach dem Ende der Sowjetunion eine nicht unwesentliche Rolle.

Das Erscheinungsbild der neueren Viertel hat sich im Laufe der Zeit immer mehr dem der Altstadt angeglichen, und zeigt die erstaunliche Persistenz dieser Wohnform. Ähnliches ließe sich auch für das Zusammenwachsen Samarkands mit seinem Umland konstatieren, dessen Struktur sich äußerlich von der historischen Altstadt lediglich in den großzügigeren Höfen mit größeren Gärten unterscheidet, sonst gleichen sich die „alten" und „neuen" Teile der Stadt sowohl in der Dichte der Bebauung als auch in der Unregelmäßigkeit der Straßen und Gassen, die zwischen den Häusern verlaufen. Der hier zu beobachtende Angleichungsprozess, die erstaunliche Beständigkeit, sowohl der Hausform als auch der Gesamtstruktur der Stadtviertel, ist ein Phänomen, das unbedingt eigene Forschung benötigt.

---

314 Siehe z.B. Voronina 1951. S. 12–28.

In diesem Zusammenhand könnte noch eine Fülle an weiteren Fragen gestellt werden, z.B. wie beeinflusste sowjetische Wohnpolitik die bestehenden
städtischen und ländlichen Wohnformen, welche Entwicklung hat sie möglich
gemacht, welche Elemente haben überlebt und wie haben sie sich transformiert?
Welche Dynamiken brachte das Ende der Sowjetunion und, wenn wir die Perspektive auf das Dorf richten – welche Auswirkungen hatte das Zusammenwachsen mit der Stadt auf das Leben und die Strukturen im ländlichen Umland?

Diese Fragen zeigen viele noch nicht erschlossene Perspektiven, die uns helfen können, Samarkand und seine Entwicklung besser zu verstehen. Fragen, die
aber auch für andere Städte Zentralasiens gestellt werden können, um deren Bedeutung für die Geschichte und Gegenwart der Region im Bewusstsein der Forschung zu verankern. Mit dieser Arbeit hoffe ich ein Stück dazu beigetragen zu
haben.

7 Zusammenfassung

Die städtebaulichen Prozesse der 1950er- bis 60er-Jahre in Samarkand haben maßgeblich zu seiner Gestalt und späteren Entwicklung beigetragen. Dabei waren sie weniger ein Ausdruck einer einheitlichen Planung, sondern vielmehr der komplexen Gemengelage bei der diverse, einander widersprechende Aufgaben, Interessen und Bedürfnisse zwischen unterschiedlichen Akteuren verhandelt wurden.

Der sowjetische Staat war insbesondere nach dem Zweiten Weltkrieg mit einer massiven Wohnungsnot konfrontiert, wodurch die Führung zu Kompromissen und pragmatischen Lösungen gezwungen war. Sowohl die Wiederaufbaumaßnahmen nach dem Krieg als auch das Massenwohnungsbauprogramm von Khrushchev nach 1957 ließen in großem Maße Eigeninitiative von Bürgern zu. Zu einem wenig bekannten Bestandteil des unionsweiten Wohnungsbauprogramms gehörte die Unterstützung der Bürger beim Bau von privaten Häusern mit Land- und Kreditzuteilungen. Darüber hinaus wurden eigenmächtig errichtete Häuser von den Behörden weitgehend toleriert. Während die Umsetzung der offiziellen Maßnahmen von Republik zu Republik variierte, stieß die Förderung des privaten Hausbaus in der Usbekischen SSR auf besonders viel Zuspruch – die Republik hatte den höchsten Anteil an privaten Wohnhäusern im Unionsvergleich und behielt die Position über Jahrzehnte hinweg, auch lange nachdem die Förderung 1962 nach und nach eingestellt wurde. Samarkand verkörpert das Ergebnis dieser Politik wie keine andere Stadt.

In dieser Arbeit untersuchte ich die Mechanismen hinter der Entstehung dieser Struktur, die formellen wie informellen Formen der individuellen Baupraxis, ihre Bedeutung bei der Bewältigung der Wohnungskrise sowie die damit verbundenen Konflikte und ihre weitreichenden Folgen für die Struktur der Stadt.

Die sowjetische Führung unter Khrushchev verfolgte hochgesteckte Ziele für die Entwicklung der Städte in der gesamten Sowjetunion – Wohnungsbau, Modernisierung und Industrialisierung sollten die Lebensqualität ihrer Einwohner radikal verbessern. In einer Stadt wie Samarkand mit bereits vorhandener historischen Stadtstruktur, knappem Bauland und zudem einer Infrastruktur und Bauindustrie, die erst aufgebaut werden mussten – gerieten diese Ziele und vor allem Maßnahmen zu ihrer Erfüllung häufig in Konflikt miteinander. Die Ursachen dafür lagen sowohl in unterschiedlichen Programmatiken (Etagenhäuser versus Eigenheime) als auch in der allgemeinen Ressourcenknappheit – der Finanzen, der Arbeitskräfte, des Baulandes.

Die großzügige Parzellenzuteilung an Privatpersonen zwischen 1957 und 1962 zusammen mit einer vergleichbaren Zahl von eigenmächtig errichteten Häusern leistete kurzfristig gewisse Abhilfe in der Bewältigung der Wohnungsnot. Lange Zeit mangelte es an Alternativen – die Kapazitäten für den industriellen Wohnungsbau sollten erst geschaffen werden, bzw. die ersten Wohnungen nahmen wenig Rücksicht auf die lokalen klimatischen oder demografischen Anforderungen. Der Staat billigte seinen Bürgern Freiraum und eine gewisse Autonomie zu („permitted autonomy", Smith) und förderte diese sogar, da sie bei der Bekämpfung der Wohnungsnot half. Doch diese Art Kooperation war im Fall von Samarkand nur schwer zu kontrollieren – die Nachfrage seitens der Bürger überstieg bald die vorhandenen Kapazitäten an Bauland, gleichzeitig stieg die Zahl der eigenmächtig gebauten Häuser.

Die Stadtverwaltung stand vor einem schwer lösbaren Problem: Die knappen Flächen sollten auch für Infrastruktur, Industrie und den Massenwohnungsbau zur Verfügung gestellt werden. Ohne eigenes Bauland war die Stadt jedoch auf die Kolchosen angewiesen, die der Abtrennung ihrer Territorien zustimmen mussten, wogegen sie sich aber zu wehren versuchten. Die umstrittenen Besitzverhältnisse, gesetzliche Rückendeckung seitens des Landwirtschaftsministeriums sowie die gewichtige Position einiger Vorsitzender versah sie mit dem „längeren Hebel" bei der Frage der Verteilung von wertvollen Territorien. Das Land wurde zur knappen „Ware", das die Kolchosen eigenmächtig auch an Privatpersonen verteilten, und das dadurch den städtischen Bauvorhaben fehlte.

Die umfassenden Zuständigkeiten der Stadtverwaltung standen im Kontrast zu einer schwachen Position gegenüber den Ministerien, die ihre eigenen Interessen durchzusetzen versuchten. Zugleich unterlagen die Akteure in der Verwaltung selbst unterschiedlichen Zwängen, bei denen sie zwischen Einflussnahme und Interessenskonflikten manövrieren mussten. Die Stadtentwicklung selbst sollte formal durch einen Generalplan reguliert werden, doch die beschriebenen Konflikte einerseits, aber auch die starre Konzeption und Rücksichtslosigkeit gegenüber dem existierenden Kontext und den Bedürfnissen der Einwohner machte ihn schnell zur Makulatur. Das Ergebnis waren Kompromisse und kurzfristige Provisorien, aus denen schnell schwer zu beseitigende Tatsachen wurden.

Das Ergebnis dieser Arbeit soll keine bloße Nacherzählung eines Mangelnarrativs über die Defizite des sowjetischen Systems sein. Wichtiger für das Verständnis der Entwicklung von Samarkand ist eine Perspektive auf die Komplexität der Beziehungen und Aushandlungsprozesse und damit ein Blick auf weniger prominente Akteure. Die existierenden Rahmenbedingungen haben individuelles Handeln auf unterschiedlichen Ebenen ermöglicht – viele Bürger haben ihre (wenn auch nur erlaubte) Autonomie zu nutzen gewusst: Sie setzten ihre Interessen durch, lösten ihre Wohnungsnot weitgehend selbstständig und verschoben damit auch den Geltungsbereich der staatlichen (Bau)Pläne.

Samarkand zeichnete sich durch eine besondere Widerstandsfähigkeit gegenüber den sowjetischen Konzeptionen von einer modernen Großstadt aus. Die Wünsche und Bedürfnisse eines erheblichen Teils seiner Bewohner nach einem eigenen Haus mit Garten halfen eine Stadtstruktur zu erhalten, die von den offiziellen Stadtplanern als rückständig gebrandmarkt wurde, die aber unter den Gegebenheiten des sowjetischen Systems allen modernistischen Vorstellungen zum Trotz erstaunlich lebendig blieb.

8 Bibliografie

Archivquellen

Zentrales staatliches Archiv der Republik Usbekistan
(Центральный государственный архив Республики Узбекистан **TsGARUz)**
f. 1619 – Zentralverwaltung für Statistik (Центральное статистическое управление)
f. 2532 – Architektenunion Usbekistans (Союз архитекторов Узбекистана)

Staatliches Archiv des Gebiets von Samarkand
(Самаркандский Областной Государственный Архив **SamOGA)**
f. 26 – Kommunal- und Wohnkomission des Stadtispolkoms (Жилищно-коммунальная
    комиссия Горисполкома)
f. 1617 – Abteilung für Bau- und Architektur des Gebietsisbolkoms (Отдел по делам
    строительства и архитектуры Облисполкома)
f. 1658 – Architektur- und Planungsverwaltung (Архитектурно-планировочное
    управление)

Literatur

Abashin 2011
Сергей Абашин 2011. 'Советская власть и узбекская махалля' in: *Неприкосновенный запас*
    78(4), 96–110.
Abashin 2015
Сергей Абашин 2015. Советский Кишлак. Между колониализмом и модернизацией.
    Moskau: Новое литературное обозрение.
AKTC 1996
The Aga Khan Trust for Culture 1996 Historic Cities Support Programme. Planning for the
    historic City of Samarkand. Zugriff über: https://www.akdn.org/publication/aga-khan-
    historic-cities-programme-planning-historic-city-samarkand-uzbekistan (letzter Zugriff
    am 30.06.2020).
Alexander, Buchli, Humphrey (Hg.) 2007
Catherine Alexander, Victor Buchli and Caroline Humphrey (Hg.) 2007. Urban life in post-
    Soviet Asia, London: UCL Press.
Alexandrovich / Kalinovskaya 1968
А. Александрович, Т. Калиновская 1968. 'Об исторически сложившихся центрах городов
    Самараканда, Бухары и Хивы', in: *Строительство и архитектура Узбекистана*,
    1968(10), 31–34.
Andrusz 1984
Gregory D. Andrusz 1990 (1984). Housing and Urban Development in the USSR, London:
    Macmillan.

Babakhanov 1960
А. Бабаханов 1960. Малоэтажное строительство в Узбекистане, Taschkent: ФАН.
Berliner 1952
Joseph S. Berliner 1952. 'The Informal Organization of the Soviet Firm', in: *The Quarterly Journal of Economics* 66(3), 342–365.
Biryukov 1971
Бирюков 1971. 'Проблемы жилищного строительства', in: *Ташкентская Правда*, 4.02.1971.
Bohn 2008
Thomas M. Bohn 2008. Minsk – Musterstadt des Sozialismus. Stadtplanung und Urbanisierung in der Sowjetunion nach 1945, Köln/Weimar/Wien: Böhlau.
Bulatov 1962
Митхат Булатов 1962. 'Задачи градостроителей Узбекистана', in: *Строительство и архитектура Узбекистана,* 1962(01), 11–12.
Buttino 2012
Marco Buttino 2012. 'Minorities in the Urban Territory of Samarkand from the Soviet Years to the Present', in: Marco Buttino (Hg.), *Changing Urban Landscapes. Eastern European and post-Soviet cities since 1989,* Rom: Viella, 57–93.
Buttino 2015
Marco Buttino 2015. Samarcanda storie in una città dal 1945 a oggi, Rom: Viella.
Chebotareva 1968
Злата Чеботарева 1968. 'Опыт проектирования экспериментальных микрорайонов-махалля в Ташкенте', in: *Строительство и архитектура Узбекистана*, 1968(07), 11–15.
Chebotareva 1974
Злата Чеботарева 1974. 'В защиту плотной малоэтажной застройки' in: *Строительство и архитектура Узбекистана*, 1974(11), 14–18.
Chukhovich 2014
Boris Chukhovich 2014. 'Orientalist modes of modernism in architecture: Colonial/Postcolonial/Soviet', in: P. Bornet & S. Gorshenina (Hg.) *L'orientalisme des marges. Eclairages à partir de l'Inde et de la Russie*, Etudes de Lettres 2014(2–3), 263–293.
Demchenko 2011
Igor Demchenko 2011. 'Decentralized Past: Heritage Politics in Post-Stalin Central Asia', in: *Future Anterior: Journal of Historic Preservation, History, Theory, and Criticism*, 8(1), 65–80.
DiMaio 1974
Alfred John DiMaio, Jr. 1974. Soviet Urban Housing. Problems and policies, London: Praeger.
Fedorov 2010
Алексей Федоров 2010. 'Хроники повседневной жизни Москвича в 1917–1920 гг. Жилищный вопрос', in: *Труды Института российской истории* 2008(9), 39-245.
Fick 1971
Fick, K.E. 1971. 'Die Großstädte in Sowjet-Mittelasien. Entwicklung, Gestalt und Funktion der Siedlungszentren eines kontinentalen Trockenraumes', *Hamburger Geographische Studien*, Festschrift für Albert Kolb, 24, 159–197.
French / Hamilton (Hg.) 1979
R. Antony French & F. E. Hamilton (Hg.) 1979. The Socialist City. Spatial structure and urban policy, Chichester et al.: John Wiley & Sons.

French / Hamilton 1979

R. Antony French & F. E. Hamilton 1979. 'Is there a Socialist City?', in: R. Antony French & F. E. Hamilton (Hg.) *The Socialist City. Spatial structure and urban policy*, Chichester et al.: John Wiley & Sons, 1–22.

Fursenko [Hg.] 2015

Александр Фурсенко (Hg.) 2015. Президиум ЦК КПСС 1954–1964, Bd. I, Черновые протокольные записи заседаний. Стенограммы. Moskau: Росспэн.

Gangler et al. 2006

Anette Gangler et al. 2006. Städte Usbekistans zwischen Tradition und Fortschritt. Städtische Transformationsprozesse der zentralasiatischen Städte Taschkent und Samarkand. Cottbus/Stuttgart.

Geering 2019

Corinne Geering 2019. Building a Common Past: World Heritage in Russia under Transformation, 1965–2000. Göttingen: V&R unipress.

Giese 1979

Ernst Giese 1979. 'Transformation of Islamic Cities in Soviet Middle Asia into Socialist Cities', in: R. Antony French & F. E. Hamilton (Hg.) *The Socialist City. Spatial structure and urban policy*, Chichester et al.: John Wiley & Sons, 145–165.

Gordeeva 1969

И. Гордеева 1969. 'О реконструкции городов Узбекистана', in: *Строительство и архитектура Узбекистана*, 1969(04), 24–28.

Grinevich et al. 1972

Е. Гриневич et al. 1972. 'Исследование исторической зоны Самарканда', in: *Строительство и архитектура Узбекистана*, 1972(07), 12–24.

Gumilevskaya 2008

О. Гумилевская 2008. 'Ответственность за самовольное строительство в России', in: *Общество и право*, 19(1), 98–101.

Harris 2013

Steve E. Harris 2013. Communism on Tomorrow Street. Mass housing and everyday life after Stalin, Washington / Baltimore: Woodrow Wilson Center Press / Johns Hopkins University Press.

Ironside 2014

K. Ironside 2014. 'Khrushchev's Cash-and-Goods Lotteries and the Turn Toward Positive Incentives', in: *The Soviet and Post-Soviet Review*, 41(3), 296–323.

Josephson 1995

Paul R. Josephson 1995. '"Projects of the Century" in Soviet History: Large-Scale Technologies from Lenin to Gorbachev', in: *Technology and Culture*, 36(3), 519–559.

Kalinovskaya / Aleksandrovich 1972

Т. Калиновская, А. Александрович 1972. 'О работе над генеральным планом Самарканда', in: *Строительство и архитектура Узбекистана*, 1972(4), 33–35.

Khorev 1971

Б. С. Хорев 1971. Проблемы городов. Экономико-географическое исследование городского расселения в СССР, Moskau: Мысль.

Kontorer 1971

Р. Конторер 1971. 'Расселение многодетных семей в условиях Узбекистана', in: *Строительство и архитектура Узбекистана*, 1971(08), 34–38.

Kopp 1970

A. Kopp 1970. Town and Revolution. Soviet architecture and city planning 1917–1935, New York: Thames & Hudson.

Kosenkova 2009

Юлия Косенкова 2009. 'Советская архитектура в поисках средств создания благоприятной среды', in: Academia. Архитектура и строительство, 2009(05), 15–19.

Kotkin 1997

Stephen Kotkin 1997. Magnetic Mountain. Stalinism as a civilization, Berkeley: University of California Press.

Kozenrenko 1928

Н. Козеренко 1928. Жилищный кризис и борьба с ним. Moskau/Leningrad: Государственное Издательство.

Kryukov / Notkin 1966

К. Крюков, И. Ноткин 1966. 'Реконструкция древних городов и проблемы сохранения памятников архитектуры Узбекистана', in: *Строительство и архитектура Узбекистана*, 1966(11), 27–30.

Kuznetsov 1968

С. Кузнецов 1968. 'Судьба земли', in: *Огонек* 1986 (49), 7.

Ledeneva 1998

Alena Ledeneva 1998. Russia's economy of favours: Blat, networking, and informal exchange. Cambridge: Cambridge Univ. Press.

Ledeneva (Hg.) 2018

Alena Ledeneva (Hg.) 2018. The global encyclopaedia of informality, Vol.1. London: UCL press.

Lubin 1984

Nancy Lubin 1984. Labour and Nationality in Soviet Central Asia. London and Basingstoke: Macmillan Press.

Mantelini 2015

Simone Mantellini 2015. 'Irrigation Systems in Samarkand', in: Helaine Selin (Hg.) *Encyclopaedia of the History of Science, Technology, and Medicine in Non-Western Cultures*, (Springer Science+Business Media Dordrecht 2015): 1–14 [DOI: 10.1007/978–94-007–3934–5_9925–1]

Meerovich 2014

Марк Меерович 2014. 'Жилищная политика СССР как средство социального управления (1917-1941 гг.)', in: *Социологические исследования* 2014(1), 95–101.

Messana 2011

Paola Messana 2011. Soviet Communal Living. An oral history of the Kommunalka, New York: Palgrave Macmillan.

Meuser (Hg.) 2012

Philipp Meuser (Hg.) 2012. Architekturführer Usbekistan. Berlin: DOM Publishers.

Mumford 2009

Eric Mumford 2009. 'CIAM and the Communist Bloc, 1928–59', in: *The Journal of Architecture*, 14(2), 237–254.

Muminov 1970

Ибрагим Муминов 1970. История Самарканда, Том. 2., Taschkent: Фан.

Nazaryan 2007

Рубен Назарян 2007. Армяне Самаранда, Moskau: Вес.

Nil'sen 1988
Владимир Нильсен 1988. У истоков современного градостроительства Узбекистана.
XIX – начало XX веков. Taschkent: Гафур Гулям.

Notkin / Gordeeva 1972
И. Ноткин, И. Гордеева 1972. 'Памятники архитектуры и реконструкция городов
Узбекистана', in: : *Строительство и архитектура Узбекистана*, 1972 (07), 7–11.

Pugachenkova 1973
Галина Пугаченкова 1973. 'Вклад ученых Узбекистана в изучение архитектурного наследия
республики', in: *Строительство и архитектура Узбекистана*, 1973 (07), 1–3.

Pulatov 1971
Х. Пулатов 1971. 'Планировочная структура народного жилья Ташкентской области', in:
Строительство и архитектура Узбекистана, 1971(09), 17–19.

Ramm / Viertelhaus 2016
Henning Hraban Ramm, Benedikt Viertelhaus (Hg.) 2016. Architekturführer Bischkek. Berlin:
DOM Publishers.

Razykov 1958
А. Разыков 1958. 'Индивидуальному строительству жилья повседневное внимание', in:
Блокнот агитатора (Ташкент), 1958(3), 11–18.

Rusanova 1968
Л. Русанова 1968. 'Демография и жилище. По материалам исследования Самарканда', in:
Строительство и архитектура Узбекистана, 1968(03), 28–30.

Rywkin 1980
Michael Rywkin 1980. 'Housing in Central Asia: The Uzbek Example', in: Steven A. Grant (Hg.)
Soviet Housing and Urban design, Washington: U.S. Dept. of Housing and Urban Develop-
ment, 39–42.

Schlager 2017
Edda Schlager 2017. Architekturführer Duschanbe. Berlin: DOM Publishers.

Sgibnew 2015
Wladimir Sgibnev 2015. 'Remont: housing adaption as meaningful practice of space production
in post-Soviet Tajikistan', in: *Europa regional / Modernism and the (post-)socialist city*,
22.2014 (1–2), 53–64.

Shakirov 1971
О. Шакиров 1971. 'Об итогах конкурса на проект планировки и застройки Самарканда', in:
Строительство и архитектура Узбекистана, 1971(07), 18–20.

Smith 2008
Mark B. Smith 2008. 'Individual Forms of Ownership in the Urban Housing Fund of the USSR,
1944–64', in: *The Slavonic and East European Review* 86(2), 283–305.

Smith 2010
Mark B. Smith 2010. Property of Communists. The urban housing program from Stalin to
Khrushchev, DeKalb: Northern Illinois University Press.

Stadelbauer 1994
Jörg Stadelbauer 1994. ‚Das Ende der „Sozialistischen Stadt"? Zu einigen Transformations-
ansätzen in russischen Großstädten', in: M. Domrös & Klaer W. (Hg.) *Festschrift für
Erdmann Gormsen zum 65. Geburtstag*, Mainz: Geographisches Institut der Johannes
Gutenberg-Universität, 179–196.

Stronski 2010
Paul Stronski 2010. Tashkent. Forging a Soviet City. 1930–1966, Pittsburgh: University of
   Pittsburgh Press.
Sukhanov 1972
И. Суханов 1972. 'Состояние и задачи архитектурной климатологии в Узбекистане', in:
   Строительство и архитектура Узбекистана, 1972(05), 21–24.
Sulkevich 1940
С. И. Сулкевич 1940. Территория и население СССР, Moskau: Политиздат.
Tokhtiev 2012
Ш. Тохтиев 2012. 'Краткая история Самаркандских и Бухарских «Ирани»', in: *Вестник
   Челябинского государствоенного университета*, 33(287), 124–129.
Trevisani 2010
Tommaso Trevisani 2010. Land and power in Khoresm: Farmers Communities and the State in
   Uzbekistan's Decollectivisation, Wien: Lit
Vereshchak 2011
Светлана Верещак 2011. 'Становление правового регулирования жилищных прав граждан
   в период НЭПа (1921-1929 гг.)', in: *Пробелы в российском законодательстве.
   Юридический журнал*, 2011(4), 207–210.
Voronina 1951
В. Воронина 1951. Народные традиции архитектуры Узбекистана. Moskau:
   Государственное издательство архитектуры и градостроительства.
Williams 2001
Brain Glyn Williams 2001. The Crimean Tatars. The diaspora experience and the forging of a
   nation, Leiden (et al.): Brill.
Wirth 2002
Eugen Wirth 2002. Die orientalische Stadt im islamischen Vorderasien und Nordafrika: städti-
   sche Bausubstanz und räumliche Ordnung, Wirtschaftsleben und soziale Organisation,
   Mainz: von Zabern.
Zhilina 1978
А. Жилина 1978. 'Жилище и семья у узбеков (на материалах Ташкентской и Хорезмской
   областей)', in: Снесарев (Hg.) *Семья и семейные обряды у народов Средней Азии и
   Казахстана*, Moskau: Наука, 55–93.
Zhiromskaya 1992
В.Б. Жиромская 1992. 'Всесоюзная перепись населения 1939 г. История проведения,
   оценка достоверности', in: Поляков Юрий Александрович (Hg.) *Всесоюзная перепись
   населения 1939 года. Основные итоги*, Moskau.: Наука, 4–12.

Gesetzestexte

Dekret über den Boden vom 28.10.1917
'Декрет о Земле. II Съезд Советов рабочих и солдатских депутатов.' in *Известия*,
   28. Oktober 1917.

Verfassung der Sowjetuinion von 1936
Конституция. Основной Закон Союза Советских Социалистических Республик. 1936
http://doc.histrf.ru/20/konstitutsiya-sssr-1936-goda/ (letzter Zugriff am 30.06.2020).

Erlass des Exekutivkomitees des SNK vom 17.10.1937
Постановление ЦИК, СНК СССР от 17.10.1937 'О сохранении жилищного фонда и улучшении жилищного хозяйства в городах', in: Центральный Исполнительный Комитет СССР N 112 Совет Народных Комиссаров СССР. Постановление N 1843 от 17 октября 1937 года. http://www.libussr.ru/doc_ussr/ussr_4124.htm (letzter Zugriff am 30.06.2020).

Erlass des SNK 1940 vom 22.05.1940
Постановление СНК от 22.05.1940 'О мерах борьбы с самовольным строительством в городах, рабочих, курортных и дачных поселках.' http://www.libussr.ru/doc_ussr/ussr_4245.htm (letzter Zugriff am 30.06.2020).

Erlass des SNK vom 29.05.1944
Постановление от 29 мая 1944 г. N 625 'О мероприятиях по восстановлению индивидуального жилищного фонда в освобожденных районах и усилению индивидуального жилищного строительства в городах и рабочих поселках СССР.' https://econ.wikireading.ru/78761 (letzter Zugriff am 30.06.2020).

Verordnung des Präsidiums des Obersten Rates der UdSSR vom 26.08.1948
Указ Президиума Верховного Совета СССР от 26.08.1948 'О праве граждан на покупку и строительство индивидуальных жилых домов' http://www.libussr.ru/doc_ussr/ussr_4711.htm (letzter Zugriff am 30.06.2020).

Erlass des ZK der KPdSU vom 04.11.1955
Постановление ЦК КПСС, Совмина СССР от 04.11.1955 'Об устранении излишеств в проектировании и строительстве'. http://www.libussr.ru/doc_ussr/ussr_5043.htm (letzter Zugriff am 30.06.2020).

Erlass des Zentralkomitees und Ministerrates der UdSSR vom 31.07.1957
„Über die Entwicklung des Wohnungsbaus in der UdSSR"
Постановление ЦК КПСС и Совмина СССР от 31.07.1957 'О развитии жилищного строительства в СССР'. http://www.libussr.ru/doc_ussr/ussr_5213.htm (letzter Zugriff am 30.06.2020).

Vedomosti Verchovnogo Soveta UzSSR 1960 N. 26 S. 31–32
Ведомости Веховоного Совета УзССР 1960 N. 26 S. 31–32. 'Об ответственности граждан за самовольное строительство в городах'.

Strafgesetzbuch RSFSR 1960
Уголовный кодекс РСФСР 1960
https://lawrussia.ru/bigtexts/law_3558/index.htm (letzter Zugriff am 30.06.2020).

Programm der KPdSU von 1961
'Программа Коммунистической Партии Советского Союза. Принята XXII съездом КПСС' http://leftinmsu.narod.ru/polit_files/books/III_program_KPSS_files/III_program_KPSS.htm (letzter Zugriff am 30.06.2020).

Byulleten' Verchovnogo Suda SSSR 1962
Бюллетень Верховного Суда СССР /
Постановление Пленума Верховного Суда СССР от 31 июля 1962 г. № 13 'О судебной
      практике по делам о праве личной собственности на строения', S. 24 Punkt 10.

Erlass des ZK der KPdSU vom 01.06.1962
Постановление ЦК КПСС, Совмина СССР от 01.06.1962 N 561 'Об индивидуальном и
      кооперативном жилищном строительстве'. http://pravo.levonevsky.org/baza/
      soviet/sssr5798.htm (letzter Zugriff am 30.06.2020).

Erlass des Ministerrates der RSFSR vom 03.09.1963
Постановление Совета Министров РСФСР от 03.09.1963 'О ходе выполнения плана
      кооперативного жилищного строительства в РСФСР в 1963 году'.
      http://www.libussr.ru/doc_ussr/usr_5991.htm (letzter Zugriff am 30.06.2020).

Gesetz der UdSSR Nr. 3401-VII vom 13.12.1968
Закон СССР от 13.12.1968 N 3401-VII 'Об утверждении основ земельного законодательства
      союза ССР и союзных республик'. http://www.libussr.ru/doc_ussr/usr_6955.htm
      (letzter Zugriff am 30.06.2020).

Internetquellen

Kosenkova 'Gradostroitel'noe myshlenie'
Юлия Косенкова, Градостроительное мышление советской эпохи: поиск устойчивых
      структур http://www.alyoshin.ru/Files/publika/kosenkova/kosenkova_mish.html
      (letzter Zugriff am 30.06.2020).

Offizielle Webseite der Stadt Samarkand
https://samarkand.uz/towns_districts/samarkand (letzter Zugriff am 30.06.2020).

Sammlung der Volkszählungen der Sowjetischen und Russischen Geschichte
      bei demoscope.ru http://www.demoscope.ru/weekly/ssp/census.php
      (letzter Zugriff am 30.06.2020